ほっとけない!

親たちの公立保育園民営化問題Q&A

これを読んだら勇気百倍!

ほうんネット編
（公立保育園民営化問題 保護者の運動交流ネットワーク）

ひとなる書房

contents

ほっとけない！　親たちの公立保育園民営化問題Q＆A●もくじ

II　公立保育園の民営化にはどんな問題があるの？

III　ひとりからでもできる運動、ふたりいればもっといい

Ⅳ 民営化をめぐって、こんなことがおきている、こんな運動がおこっている

装丁／山田道弘
本文カット／平崎真智子・吉原さち丸

はじめに

「ねぇママ、『ミンエーカ』って何？　ミーちゃんの保育園、なくなっちゃうの？」

子どもが通う保育園の民営化が突然発表され、父母が対策に追われて慌ただしく過ごしていたころのある夜のこと。心配そうな表情の子どもに、たずねられました。

どう答えればいいのだろう……。一瞬、とまどいましたが、子どもにだってほんとうのことを伝えたい。悩んだ末、こう答えました。

「『ミンエーカ』っていうのはね、ミーちゃんたちの保育園には毎日とってもお金がかかるから、先生をぜんぶ違う人にしてお金がかからない園にしよう、っていうことなんだ」

子どもはとても驚いたようすでした。

「ぜんぶ違う先生になっちゃうの？　じゃあ、○○先生もいなくなっちゃうの？」

「うん。ミンエーカされたら、いなくなっちゃうんだって」

「いやだ！　誰がそんなこと、しようって言ったの？」

「うーん、誰っていうのはとってもむずかしいけど……。コイズミさん（当時の首相）かな」

子どもの瞳から、ポロポロと涙がこぼれ落ちました。そして、泣きながら、怒りのこもった声で言うのです。

「コイズミさんは、なんでミーちゃんたちがいやだと思うことをするの？　保育園でも、『お友だちがいやだと思うことはしないようにしましょう』って先生が言うよ。ミーちゃんは、保育園、なくなったらいやだ。どうして保育園をなくすの？　ひどいよ！」

ほんとうに、子どもが言うとおりです。日ごろ、「いやだと思うことはしないように」と教えている保育園が、なぜ子ども自身がいやだと思うことをするのでしょうか。子どもたちの心を傷つけるようなことを、なぜ、わざわざしなければならないのでしょうか……。

子どもたちがこれほどまでにたいせつに思う場所を、同時に、こんなふうに相手を思いやる気持ちを持てるまでに育んでくれた「保育園」という場所を、大人がさまざまな理由をつけて、一方的に奪い取っていいものなのでしょうか。

いいえ、いいはずはありません。

保育園は、たんなる母親の就労支援のための施設ではありません。親が働いていること以外にも、さまざまな理由から、昼間、子どもの世話をすることができない親たちと、その子どもたちの生活を支えてくれるとてもたいせつな場所です。保育園がなければ、みんな、人間らしく暮らすことさえできなくなってしまいます。

少子化が進み、子どもを育てている人たちの間の子育て不安は、高まる一方です。国全体で子どもたちをたいせつに育て、母親の孤独な育児の苦しみをみんなで分け合っていかなければならない時代。地域の子育ての「核」になってきた公立保育園を地域の子育てセンターとしてより充実させていくどころか民営化しようとする動きは、時代が求めるものとは逆行しているようにさえみえます。

それなのに、全国で公立保育園民営化の嵐が吹き荒れています。最近では、その嵐が少し静まりつつあるように見えるかもしれませんが、実際にはそんなことはありません。これまで民営化を掲げていなかった自治体の中にも、ほかの自治体の先例を見て、新たな方法で民営化を導入しようとしているところが続いています。

ある日突然、「民営化」の旗印の下に、親も子もそれまでの安定した居場所を奪い取られる。それが民営化の現実です。親たちは当然、子どものために、そして自分のためにもたいせつな保育園を守ろうと闘いますが、個人では限度があります。

民営化とはそもそもどういうものなのか。民営化をどのようにとらえ、どうやって立場を同じくする保護者同士、そして地域の人とつながっていけばいいのか。どうしても納得がいかない時、法的な力に訴えるにはどうすればいいのか……。

民営化に直面した親たちは、こういった問題に必ず突き当たります。その解決のために、これまで、全国で子どもたちが安心して育つ環境を守るために闘ってきた保護者たちが答えたのがこの本です。日本のさまざまな地域の、さまざまな保育園で、きっとその保育園なりのよいやり方があるはずです。地域の状況、子どもの状況、そして親の状況に合うやり方で、民営化に対して「?」マークを投げかけてみませんか?

民営化について考え、親たちが反対の声をあげるのは、自分の子どものためだけではありません。これから未来にわたって、その地域で育つ自分たちのずっとずっと後の子どもたちのためでもあるのです。

子どものためにならない民営化に納得がいかない親は、あなただけではありません。困った時、悩んだ時、この本をまとめた「ほうんネット」の仲間たちは、いつでもあなたを支える力になります。まずはこの本を読んで、民営化に対抗する力をつけてください。一人ではないことがわかれば、きっとあなたにも、何かができるようになります。

「ほうんネット」編集委員会

I

民営化がはじまる!

どうすればいい?

Q 1

行政が民営化を検討しているようです。まずは何をするべきですか？

A

まずは情報を集めて、今どんな状況にあるのかを確認しましょう。情報収集の方法としては、行政の担当部署（保育課など）や、職員の労働組合、議会の議員に聞くほか、情報公開の請求をする方法もあります。

そこで得た情報は、同じ立場の人たちで共有することが必要です。積極的に保護者や職員に伝えましょう。園に保護者会（父母会）があれば保護者会（父母会）で、なければ「有志の会」などを作って民営化についての勉強会をしたり、どんなことができるかを話し合いましょう。集まりに出られない人にもアンケートなどで意見を聞いたりして、なるべく多くの保護者が協力し合えるように工夫することがたいせつです。

次に、行政へのはたらきかけです。民営化が正式に決定される前に、たとえば「行財政改革審議会」などで保育園の民営化が検討されていることがあります。その場合、審議委員には大学教授などの有識者や市民の代表が入っていることが多いので、審議委員あてに手紙や要望書を送り、父母の率直な意見を伝えてみましょう。

また、市のホームページや広報紙でパブリックコメントを募集していることもあります。

そのようなところへも積極的に意見を送りましょう。


（二瓶香代子）

Q 2 うちの子の園が民営化されると発表されました。保護者は何をすればいいですか？

A わが子が通う保育園が民営化の該当園になってしまった場合、とても大変なことがはじまります。なにしろ子どもたちが親しんでいる先生たちが丸ごと一気に替わってしまうのです。親にとっても子どもにとっても突然の出来事です。何をすればいいのかわからなくて当然です。

一般的に、行政では民営化の方針発表→該当園の選定（民営化の方針と同時に発表される場合もある）→該当園の発表→該当園保護者に通知、という順序で民営化を発表していきます。発表される前に、かなりの期間、検討されていた場合もじつは多いものです。

民営化の発表と同時に、保護者には「説明会を行います」というお知らせがあるはずです。保護者会（父母会）があれば、まずはその役員が中心になって、できるだけ多くの保護者を集めて説明会に参加しましょう。なるべく大勢の保護者が参加できるよう、保護者会（父母会）がかけあって同じ説明会を二回行わせた園もあります。

最初の説明会で私たち保護者が行政にしっかりと聞いておかなければならないことは、八つあります。

①なぜ民営化するのか。その理由は何なのか？

②民営化の形態はどういうものになるのか？

↓民間への移管、「指定管理者」による運営委託など。

③どんな法人に移管（委託）されるのか？

↓社会福祉法人、株式会社、ＮＰＯ法人など。

④法人選定は誰が行うのか？

↓行政の所管部署、選定委員会、行政の長など。

⑤選定基準はどういったものか？

⑥法人の募集条件は？

⑦移管すると保育はどう変わるのか？　変わらないのか？　「質」は守られるのか？

⑧移管のスケジュールと移管時期

行政に対してこれらのことを確認し、きちんとした回答を得ることが必要です。

（佐藤正勝）

Q3 説明会での行政の回答から、どんなことがわかりますか？

A　Q2であげた八つについてひとつずつ説明していきましょう。

まずは①の民営化の理由についてです。ほとんどの場合、行政側は民営化の理由として、次の三つをあげてくるはずです。

a　延長保育に代表される「多様な保育ニーズ」の実現

b　財政難

c　待機児童の解消

②の民営化の形態はどんどん多様化しています。たとえば「公立」を廃止し、丸ごと民間に売却するなどして「民設民営」の保育園にしてしまう場合。また、「公設民営」の形で中身だけ民間にまかせることもあります。さらに、「指定管理者制度」を利用して、三〜五年間というように年限を区切って法人に運営をまかせる方法もあります。いずれの場合でも、既存の公立園とは変わり、新たな法人が運営するわけで、いままでとはまったく

違う保育園になるということには違いありません。当然、それまでいた保育士さんは、そのほとんどが一気に新しい保育士さんに入れ替わります。

③の応募法人にも注意が必要です。私立保育園を運営しているのが社会福祉法人です。とはいえ、最近では保育園の運営実績がない社会福祉法人でも応募できるようになっているケースがあるので注意しましょう。また、たとえ保育園運営の実績のある法人でも、かなり離れた地域にある法人が応募してくることもあります。保育園が地域と密接にかかわっているということを考えると不安があります。これまでにも、たとえば関東地方の自治体の民間委託に、九州の法人が応募して選ばれた例が現実にあります。

株式会社については、そもそも営利法人です。保育を社会福祉事業としてとらえれば、こうした分野に営利法人が参入していいのかどうかは議論のあるところです。地域によっては社会福祉法人には支給される運営費が、株式会社には出ないため、保育にかけられるお金が少なくなることもあります。ほかに、NPO法人に委託しているところもあります。

大きな問題となるのが④の選定決定者と、⑤の選定基準です。保育園運営をする法人がどんなふうに選ばれるかご存知でしょうか? 「学識経験者などで構成された選定委員会できちんとした基準に基づいて、公開されて」選定されることが理想です。ところが、最近では行政の所管部署の担当者が非公開の場で選定するケースがかなりあります。選定委員会を設置していても、選定過程は非公開という場合もあります。自分たちの子どもをあずけるたいせつな保育園の法人の選定は、公正に、かつ透明性のある選定をしてもらいたいですよね。ここのところはしっかり確認して、納得できなければはっきり「NO！」と言いましょう。選定基準についても自分たちが保育に望むものをよく考え、その気持ちを選定基準に反映させるように、しっかり要求していきましょう。

⑥の募集条件もとても大事な項目です。その法人がどういう考え方で保育をするのか知りたいものです。さらに職員の年齢構成や、時間外保育・障がい児保育をするかどうかなど、多くのことが含まれています。年齢構成は大きな問題です。若くてキャリアの浅い保育士さんばかりになってしまうと、子育ての不安を保育園の先生に聞いて解消する、ということもできなくなってしまうかもしれません。

⑦の保育の「質」の保障はとくにたいせつです。行政は「保育の質は下がりません」「同じ認可保育園ですから大丈夫です」とよく言い、保護者はそれを聞くと妙に納得してしまうものです。しかしほんとうにそうでしょうか？　「質が下がらない」という、その具体的な根拠について、説明を求めましょう。

⑧の移管時期とスケジュールは、しだいにスピードアップされています。四、五年前までは二～三年という時間をかけてゆっくり民営化する場合も多かったようですが、最近は

該当園発表から一年で民営化するという短期間のスケジュール設定が多くなっています。ただ、「横浜地裁の違法判決」（Ⅳ章Q３、八二ページ参照）の影響もあります。実際、横浜市は該当園発表から一年半後に移管するようになりました。

移管のためのスケジュールで一番たいせつなのは、「引き継ぎ（共同）保育の期間」です。一年後に移管するとなると、引き継ぎ保育はせいぜい三ヶ月が限度でしょう。三ヶ月ではむずかしいものがあります。新しい法人の保育士さんも、その前の職場で働きながら引き継ぎすることになる場合が多く、全員いっせいに引き継ぎ保育に入れるようなことはありません。一日当たりせいぜい入れるのは二〜三人。その人たちがローテーションを組んで来園するため、引き継ぎ期間自体は三ヶ月あっても、実際に一人の保育士さんが入れるのはせいぜい延べ一〇日程度なのです。これでは新しい法人の保育士さんも子どもたち一人ひとりの性格どころか名前すら覚えられないでしょう。期間とスケジュールについては、行政は「決定事項なので変更できない」という強行な姿勢で臨んでくる場合が大半です。あきらめずに、話し合いを重ねることが必要になります。

（佐藤正勝）

Q 4

突然の民営化発表で、「寝耳に水」の状態です。保護者はどう動けばいいですか？

A

ここ四～五年の間に発表された保育園の民営化は、ある日突然、というこのパターンが多いようです。保護者にとっては「寝耳に水」の状態かも知れませんが、じつは行政側ではそうとう以前から検討されていることが多いものです。たとえば「……のありかた検討会」などの名称で、いわゆる有識者と行政内部の所管部署が委員会を作り、最初から民営化を前提とした検討が行われていることさえあります。

今はまだ、わが子をあずける保育園が民営化の対象にされていなくても、次年度以降に該当園になる可能性は十分あります。民営化は該当園だけの問題ではないのです。地元の保育園の保護者をネットワークしている父母連や、園の保育士さんたちともできるかぎり情報交換をして、勉強会をひらくなどの対策はしておいたほうがよいでしょう。

そしてすでに該当園になっている園の父母が「民営化反対」といった運動をおこしている場合は、積極的に協力していきましょう。その地域に住む親たちが思いを同じくして行動することで、行政はそうした保護者の動きを無視できなくなります。

その結果、民営化の計画を撤回する可能性もあります。また民営化されたとしても、「私たちは基本的に反対している」という姿勢でそうした運動をすることは、該当園をよりよい条件で民営化するための「条件闘争」をすすめるうえでもとても大きな力になります。

他の園の保護者と協力することで、行政側の考え方もわかるようになります。いずれ、もし自分の子どもの園が該当園になったときも、そのときに作り上げておいたネットワークは、必ず役立つものです。


（佐藤正勝）

Q 5 議会で民営化が決まり、「引き継ぎ」がはじまりました。保護者がするべきことは?

A　Q4で書いたように、引き継ぎ（共同）保育はとても大事です。これがうまくいかないと移管後にさまざまなトラブルが発生します。しかもその大半が子どもたちのうえに降りかかってきます。いままで移管園でどんなことがおきたのか、知っておくべきです。

たとえば、これまでに民営化された園からの情報ではこんなものがありました。

①子どものケガの件数が増える。場合によっては全治何ヶ月というような大事故も起きる。

②子どもが情緒不安定になる。

③園からの脱走や原因不明の発熱、登園拒否が増える。

このような状況が発生する原因ははっきりしています。法人が変わり、先生が替わることで環境が激変したからです。とくに慣れ親しんだ保育士さんがいっせいにいなくなることによる、子どもへの影響は大人が想像する以上のものがあります。

環境の激変によるトラブルを緩和するには、周囲の環境をできるだけ移管前の状態に保つことがたいせつです。法人、また状況によっては行政も交えて徹底的な話し合いが必要です。

たとえばこのようなことがあります。

①移管後も園に残れる保育士（アルバイト保育士など）や保育補助員さんを一人でも多く確保する。

②保育に使用する物品類（おもちゃ、用具も含めて）は何も変えない。

③移管後も定期的に保護者と法人、行政を交えて、状況の検証を行う。問題が発生した場合、その対処は基本的に行政と法人の責任で解決する。

④公立の時に行っていなかったサービスは、状況が落ち着くまでは行わない。

⑤民間園独自の付加価値サービスは保護者の合意のもとで行う。

保護者が望む保育を実践できるように、また、何より子どもたちにできるだけ負担をかけない方法で移管を行わなければなりません。場合によっては、法人の側に立って行政と交渉することもでてくるでしょう。

（佐藤正勝）

Q 6 「引き継ぎ（共同）保育」とはなんですか？留意点を教えてください

A 受託法人の職員が、引き継ぎのため一定期間、該当保育所へ行き、公立職員と合同で保育に当たることです。

引き継ぎ（共同）保育の期間は、市区町村によってばらばらです。大阪府大東市立上三箇保育所の「民営化裁判」での大阪高等裁判所の判決では、「児童の保育にあたっては、保育士と児童及び保護者の信頼関係が重要であるところ、三ヶ月の引き継ぎ期間で数名の保育士が参加しただけでは、上記のような信頼関係を構築することは難しい」とし、「引き継ぎ期間を少なくとも一年程度設定」「民営化移行後も、数ヶ月間程度、本件保育所において実際に本件各児童に対する保育にあたっていた保育士のうち数名を新保育園に派遣する等」とのべています。

引き継ぎ期間中の保育士の派遣の財政負担は市に求めましょう。また、受託法人の職員が「いつ、だれが、何時間、どのように」しているのかの記録と、引き継ぎに来ている職員の受託後の役割（正規・非正規、担任等）などの公開を求めましょう（期間中、受託法人の職員が毎日保育所に来ているわけではありません）。

引き継ぎにおいてたいせつなことは、一人ひとりの子どもたちのこと、行事や保育内容・保育方針など、移管先法人に「何を引き継ぐのか」ということです。そのために事前に自分たちが引き継いでほしいことを明らかにしておきましょう。また、引き継ぎの責任は市区町村にあることを必ず確認しましょう。

市区町村が「引き継ぎ内容」として事前に提示している場合もあります。提示されている内容について、一つひとつ集団で検討しましょう。たとえば、看護師などの配置が「配置する」となっている場合は正規職員かどうか。給食が「自園調理」となっている場合も、自園の職員かどうか（最近、自園調理でも業務委託のところが増えている）などです。また、保育料以外の保護者負担はどうなのか、保護者会の設立や保護者会の他団体への加盟についてなども確認しておきましょう。その他にも、日常的なもので、「このことは引き継いでほしい」と思うものを項目としてあげていきましょう。

引き継ぎの会議は、必ず三者（保護者会・受託法人・市区町村）で行い、その内容は文章確認を行いましょう。

（仲井さやか）

Q7 保護者の中には「民営化賛成」の人もいて、意見が一致しないのですが

A

説明会で行政の説明を聞くと、「なんとなく不安。でも担当の課長さんは大丈夫だと言うし……」というような漠然とした思いになる方が多いことでしょう。でもまずは少しでも納得できない疑問点があれば、納得できるまで何度でも説明を求めてみましょう。

他の保護者の方々がどう思っているかも不安になるもの。アンケートなどを行って確かめてみるのも手。同じ思いの保護者はきっとたくさんいるはずです。

問題は、保護者の意見がバラバラだったり関心がないようにみえる状態のときです。どちらの場合も「民営化が子どもにとっていいことだと思うかどうか」というところでは根気よく話し合い、相談することです。関心がないのではなく、最初からあきらめている人も多いのです。民営化のことについてきちんと知ることができれば、民営化が子どもにとっていいことだと思う親はひとりもいないはずです。あきらめていては何もはじまりません。自分たちの子どものことなのだから、ということを根気よく説得しましょう。

まずは民営化に疑問を持つ仲間をみつけましょう。そしてその人たちで集まって、対策委員会を作りましょう。保護者会がある園の場合でも、保護者会とは別に対策委員会を作れば、通常の保護者会の仕事（園の行事など）に支障をきたさずにこの問題だけを扱えます。

保護者会のない園の場合は思いきって作ることをがんばってください。ただ、その場合も「一部の保護者が」と行政から軽んじられる存在にならないよう、民営化について保護者全員の意見を代表する窓口であることをきっちり伝えていくことです。

そして保護者の思いを再度、行政側にぶつけましょう。受身の状態で、ただ「行政の説明を聞く」だけでなく、「自分たちはここが納得できない」「ここはこうしてほしい」というような、具体的な要求をしていっていいのです。

（二瓶香代子）

Q 8 保育士さんやその組合との協力体制がとれずに困っています

A 民営化について、保育士さんたちの組合がとる立場もさまざまです。「保育園の民営化は市で決まった計画だから職員は従うしかない」という立場をとらざるをえない職員組合も多数存在しています。そのため、親たちが行動をおこそうとしても、うまく連携がとれないことも多いようです。

とはいえ、日々子どもたちと接している現場の保育士さんの中には、なんとかして子どもたちを守りたいと思っている人が少なからずいるはずです。まずは子どもの担任など、身近な保育士さんとコミュニケーションを深めることからトライしてみてください。組合の中の保育士さんのグループ（分会・支部など）に連絡をとってみるのもいいでしょう。

組合と保護者が連携をとるには、日頃からの信頼関係が必要です。共同で学習会をおこなったりしてお互いに理解を深め、保育をよくするための運動にいっしょに取り組むことの積み重ねが、いざというとき力になります。もし組合として表立って協力できない場合でも、話し合いのための保育だけでも協力してもらうなど、さまざまなかかわり方があるのです。

行政は、反対運動が強まるのを恐れ、違う立場の人同士がネットワークを作るのをいやがります。立場を越えて手を組むことが強い力になるのです。

組合を通しての連携ができなくても、多くの自治体にある「保育問題協議会」などでいっしょに活動することもできます。待機児問題や、規制緩和によるつめこみ、非正規職員の増加など、保育の条件も保育士のはたらく条件も年々厳しくなっています。そうした実態を学び合い、率直に意見を交わしながら理解を深め、いっしょに問題に取り組むことで協力関係を築いていきましょう。

（二瓶香代子）

Q 9 民営化が強行されそうです。議会で可決される前の法的対応を教えて下さい

A　ここでは、そうした行為がなされる前の段階で、法的な対応ができるか整理します。

行政が「決定事項」として説明してくることは、決定事項ではありません。民営化するには、自治体の条例を改正することが必要なのです。行政は、利用者に説明した後に民営化を議会にはかり、条例案が議決されなければなりません。

つまり、民営化の決定権はその自治体の議会にあるのです。ですから議会（議員）に今までの経緯を心をこめて訴えて、話し合いが合意するまでは民営化の条例改正を議決しないようにお願いしましょう。

まず、条例案を議会にかける前の段階で、行政が廃止・民営化を決定し、委託先法人の募集をはじめた場合。「地方自治法二四四条」に基づいて、そうした予算執行は違法性が高いとして自治体の監査委員に予算執行停止（差し止め）を求める、住民監査請求を起こすことができます。この請求をすると、監査委員の前で意見陳述の場が必ず設定されます。

また監査委員は六〇日以内に決定を出すことになっています。ただ、その間に廃止条例が可決されてしまえば、この請求の根拠は失われることになります。

もうひとつは、公立保育園の廃止・民営化にかかわる住民投票条例の制定を直接請求する方法です。ただし、条例制定までには相当の困難も予想されます。

どちらの方法も、民営化を該当園の保護者だけの問題として素早く処理することを防ぎ、その問題点を広く住民に知らせるための取り組み（運動）の一つの手段として、検討してみてもいいでしょう。

ただしまずは、民営化の具体的な進行をストップさせるような行政への働きかけを行うことが必要です。そのために条例改正案が議会に提案される前から議員に働きかけることも必要になってくるでしょう。

また、公立保育園を廃止して完全に民設民営の園にするタイプの民営化では、新しい民間園の認可が必要となります。認可するのは都道府県（政令市）です。安易な認可を行わないよう、都道府県に働きかける必要もあるでしょう。

（逆井直紀）

Q 10
民営化に対する訴訟にはどんな種類がありますか？
詳しく教えて下さい

A 事前の運動によっても、市区町村の動きを止められない場合、裁判という有力な選択肢が浮上してきます。国民の権利や法的利益が侵害された時には、救済を求めて裁判を受ける権利が保障されています。公立保育園が廃止・民営化（民間移管・委託）されることで、保護者や在園児の権利や利益が大きく侵害されるのなら、それを防ぐために訴訟を起こすことができます。

公立保育園の民営化を行う場合には、自治体は公立保育所設置条例の「改正」などを行う必要があります。裁判を起こすには、この廃止・民営化のための条例案が提案（可決）される等の具体的な行政側の行為が前提になります。

残念ですが議決されてしまった後になると、民営化を止める手段で残された方法は裁判しかありません。

民営化にかかわる裁判（訴訟）には大きく四つの方法があります。

①取り消し訴訟

条例改正による公立保育園の廃止処分がなされてから、その取り消しを求める訴訟を地方裁判所に起こす裁判です。処分が実施されてから六ヶ月以内に提訴する必要があります。原告になれるのは在園児とその保護者で、被告は市区町村です。

裁判（一審）の判決が出るまでに早くても一年以上かかります。その上、上訴もあり得ます。そんなに時間がかかれば、民営化はどんどん進行してしまいます。そこで民営化をくいとめるために、この取り消し訴訟と同時に廃止・民営化の執行停止（民事訴訟における仮処分に相当し、裁判所が仮の判断をするもの）を申し立てる必要があります。その場合、執行停止しなければ「重大な損害」を受けることを証明しなければなりません。

「重大な損害」とはなんでしょう? いわゆる権利の侵害などではなく、民営化で職員が総入れ替えになったことで子どもが心身ともに変調をきたした、といった具体的な混乱の内容を示す必要があります。裁判官の中にも保育園に子どもを預けている人が増えており、保護者の主張を理解してもらえる可能性は広がってきています。

②差し止め訴訟

条例改正案が議会に提案され、まだ可決されていない場合や、公立園の廃止が実施されていない場合に、そうした処分を差し止めることを求めて起こす裁判です。

この場合も、判決が出る前に、とりあえず事態の進行を食い止めるために仮の差し止めの申立を行うことができます。裁判所が「償うことができない損害」が生じる可能性がある、と判断した場合は、「仮の差し止め決定」が出されることになります。二〇〇七年二月には神戸市の枝吉保育所の民営化に関し、この決定が出されました。厳しい要件であるといえますが、仮の差し止めが出される可能性は十分あります。また、裁判の途中で条例が可決され、改正がされた場合には、前記の取り消し訴訟に切り替えることも可能です。

③予算執行停止を求める住民訴訟

住民訴訟として民営化に伴う予算の執行の違法性を問うこともできます。この場合、Q9で示した監査請求をしたうえで起こす裁判で、住民なら誰でも原告になることができます。

④損害賠償請求訴訟

先に示した行政訴訟とは別に、民事訴訟として違法な民営化により権利・利益が侵害され損害が生じたとして、その賠償を求める「損害賠償請求訴訟」があります。行政訴訟に比べ主張は通りやすく、実際に保護者側が勝った例もあります。ただ、これでは民営化をくいとめることはできません。

裁判をする場合、全体に共通するたいせつな事項を整理してみましょう。まずは民営化の違法性を問うという点では、保育所の選択権について、その意義を十分理解することがたいせつです。児童福祉法二四条は、①保護者の入所時点での保育所選択、②保育の実施期間中（多くは就学前まで）保育を継続して受けること（選択した園から、無理矢理転園などさせられないこと）を権利（あるいは法的利益）として認めています。つまり、「保育の実施期間中」に民営化されることは、行政の裁量権を逸脱していることを堂々と主張すべきなのです。実際、多くの判決が、この点を認めています。

次に「記録」の重要性です。民営化に関して行政が何をしてきたか、どのような混乱が生じたか、詳しい状況を記録しておくことがたいせつです。そうした記録が裁判の中では重要な証拠となるからです。

さらに、運動だけでも裁判だけでもだめで、この二つは「車の両輪」のようなものだということです。裁判は民営化をくいとめたいという、私たちの願いを実現するための一つの有効な手段です。その意味ではたいせつなものですが、裁判でよりよい成果を得るためにも、民営化の問題点を広く社会・住民に知らせ、「民営化はおかしい」「中止すべきだ」と声をあげる人々を増やすような運動を大きくする必要があります。

裁判を起こすには、お金も手間もかかるものですが、子どもや保護者の権利を守るためにもたいせつな取り組みです。法律の専門家である弁護士と相談しながら、挑戦してみる意義はあります。

今までに民営化に関するたくさんの訴訟が起こされています。そこでは、費用面の問題も含めて、原告のみに負担を強いるのではなく、多くの関係者や組織が原告（裁判）をいろいろな形で支える取り組みがすすんでいます。各県にある保育団体や「ほうんネット」に相談してください。また、裁判をするにはどうしても法律の専門家といえる弁護士の援助が必要です。

弁護士に心当たりがない場合は、ぜひ「ほうんネット」にご相談ください。民営化裁判にかかわっている弁護士も増えてきており、弁護士同士の情報交換もすすんでいます。きっと頼りになる弁護士が見つかるはずです。

（逆井直紀）

保育園民営化

子どもたちは説得したんですが……

II

公立保育園の民営化には どんな問題が あるの？

Q 1

「民営化反対」というけれど、「私立保育園」ではダメなのですか？

A

民営化のねらいは、安上がりの保育園づくりです。

「民営化反対」というと、「私立保育園でもいい保育園があるじゃないか」と言われる方がいるかもしれません。でも、それは、まったく別の話なのです。

地域の親の願いをうけて社会福祉法人立として保育園を立ち上げ、産休明け保育や長時間保育などを先駆的に実施してきた、特色ある私立保育園が全国に多数あります。

でも、いま国が進めている、行革路線による民営化計画は、「コスト削減」が最大の目的。「公立で運営するより民営にしたほうが、運営コストが三割から五割カットできる」といった短絡的な考え方からはじまったものです。これまで、少ない運営費でがんばってきた私立保育園への補助金もさらに削りながら、公立保育園をその水準にまで下げてしまおうという、乱暴極まりない「安上がりの保育園づくり」計画なのです。

これでは、私立保育園ならではの特色を出すどころか、私立保育園の経営もさらに厳しくなり、園のめざす豊かな保育を実現できなくなります。コスト主義で、手をあげてくる企業の保育事業参入がすすむばかりです。私立保育園の先生たちの中にも、公立園の民営化に反対している人が大勢います。

（原純子）

Q 2
公立保育園のよさは、どんなところにありますか？

A 私立の保育園と比べて保育士さんの定着率が高いのが公立の特徴です。

まず私立保育園との比較をしてみましょう。私立でも同じ認可を受けているのなら、子どもの人数に対しての保育士などの職員の配置は、基本的に同じ基準です。子ども一人当たりの敷地面積や運営費（保育単価）も変わりません。

決定的に違うのは、公立の保育士のおかれている賃金・労働条件です。自治体の職員ですから、労働時間（残業や休憩時間）についても労使できちんとした取り決めがあります。これが全体として、公立の圧倒的に高い定着率（中途退職の少なさ）に反映しています。

東京都練馬区では、区立保育士の中途退職が、一園あたり二～三年に一人程度の割合だそうです。ところが、二〇〇五年一二月より業務委託を受けた株式会社では、翌年一一月までの一年間に一五名もの常勤保育士の退職をだしているというのです。この保育園の保育士配置基準は二四名ですから、その三分の二にあたります。

保育士が、継続してわが子の発達を見守ってくれることは、親たちにとってもこの上ない安心感があります。

また、公立保育園では、保育士を対象にした乳児保育や障がい児保育などについての研修はもちろん、看護師・栄養士・調理員・用務員・非常勤職員を対象にした研修も実施されています。それぞれの専門に沿った研究会活動も保障されています。学ぶ機会が多く、つねに、質の向上をめざす環境が整えられているといえます（もちろん自治体によっては、私立保育園のほうが障がい児保育などの実践経験が蓄積されているという場合もあります）。

新卒の若い保育士さんが採用され、保育園で勤務に入ると、経験ゆたかな先輩保育士に、さまざまなことを教えてもらいながら、力量をつけていくことができます。先輩保育士も後輩に教えることで、自分の保育力を高めていくことができるのです。このような教育環境が、企業採用の保育士には、保障されないことが多いのです。

結局『保育は人なり』です。ゆたかな知識と人間性を持った保育士養成とそれを支える環境が、公立保育園の安心できる保育を形づくっているのではないでしょうか。（原純子）

Q 3 民営化されると、保育園の何が、どう変わるのですか？

A 保育園の民営化・民間委託での最大の変化は、昨日までいた保育士さんがすべて入れ替わってしまうことです。これは郵便局の民営化などの場合と最も違う変化です。

郵便局は人と人の間に物を介在させるサービスですが、保育園は人と人との直接的な対人支援サービスです。その影響は子どもたちが直接こうむります。子どもたちにとって保育士さんは第二の保護者です。その保育士さんが、短期間ですべて入れ替わることで、子どもたちへの影響は計り知れません。神戸市立枝吉保育所の民営化について、裁判所は「相当程度の保育環境の変化が生じることもまた不可避であり、これが保育児童に対して大きな影響を与えるであろうことも容易に想像のつく」ことであるとのべています。

各地の民営化の事例でも、登園をいやがったり、落ち着きがなくなったり、また指しゃぶりやおねしょなどの赤ちゃん返りなどが報告されています。また転所により、仲のよかった友だちと離れ、そのことが精神的不安定を増大させている事例もあります。

民営化・民間委託は、新たな信頼関係を作り直すことを強いるもので、子どもだけでなく、保護者にも保育士と新たな信頼関係を築くことが強いられます。このことに対して、「子どもはすぐ慣れる」という無責任な発言を耳にする場合がありますが、子どもたちの心の不安を軽視したものといえます。

各地ではこの急激な変化を緩和するために、委託先の法人の保育士が公立保育園に行き、子どもや保護者との信頼関係を築くため、引き継ぎ（共同）保育を実施します。多くの場合、引き継ぎ保育は三ヶ月くらいですが、これでは法人保育士の全員が引き継ぎ保育を実施することは不可能です。極端な事例では、引き継ぎ保育の保育士と委託開始後の保育士が、違う場合さえありますので注意が必要です。

保育園民営化・民間委託をする背景には支出削減があります。このため民営化・民間委託とあわせて保育の質を構成する諸条件を引き下げてしまうことがあります。市区町村は、国の最低基準では子どもの最善の利益が守れないということで、独自の上乗せをしています。しかし、保育士配置数や雇用形態、年齢構成、看護師配置などが民営化の過程で切り下げられることもありえます。そうならないため、法人を募集する条件づくりや選定会議に保護者が参加していき、保育の質を下げないようにしっかりチェックすることがたいせつです。多くの市区町村は、民営化をしても「保育は低下しない」と説明しますので、その言葉を担保にしてチェックしていくことが必要です。さらに法人が保育園運営を行う場合は、保育理念や保育方針がまったく変わる場合があります。地域の実情にあわせ、子どもたちの実態に応じられるような保育理念や保育方針を、募集条件づくりや選定会議の場でしっかり決めさせることがたいせつです。

（角田伸次）

Q 4

民営化すれば保護者のニーズにより応えられるようになると聞きますが

A

今、保育園の民営化・民間委託に先行して、私たちの働き方も規制緩和により多様化させられています。その保護者の多様な働き方にあわせるように、保育園へサービスの多様化が求められています。

そのような社会背景のもとに、行政の担当者は必ず民営化・民間委託で「さまざまなニーズに対応できる」と力説します。それではなぜ、今のままの公立保育園ではさまざまなニーズに応えられないというのでしょうか？

保育園民営化・民間委託の目的は、財政削減にはじまり、最終的にはすべて民間に保育の実施をゆだね、市区町村が直接保育にかかわることをやめるということです。新たなニーズに対応するには、新たな支出が必要となります。民間にまかせればその負担を負わないか、負っても一部ですみます。このことをオブラートに包んでこのような説明をするのです。それから、さまざまなニーズとは誰にとっての「ニーズ」なのかということも考えておかなければなりません。多くの場合、保護者にとってのニーズであり、必ずしも子どもにとってのニーズではないのです。

児童福祉法の改正により、通常保育以外については、保育園側が料金を設定できるようになりました。さまざまなニーズに応えれば、それに応じた収入が法人に入ります。収入を増やすためならば、ありとあらゆる保護者ニーズに応えるのは、企業経営者として当然です。保護者の多様な働き方に対応するため、延長保育・一時保育・休日保育などの保育サービスのほか、英会話・ダンス教室・スポーツ教室といった早期教育的なサービスが提供されるのが一般的です。これらは別料金となりますから、負担できる保護者とそうでない保護者の差が、子どもたちへのサービスの差となってあらわれます。実施するならば、児童福祉法の精神にのっとり、市区町村が公的責任において、すべての子どもたちに実施すべきです。

保護者のニーズと子どものニーズが必ずしも一致するとは限りません。保護者の多様な働き方は一方で深刻化しており、保護者の保育園への多様なニーズは高まっています。子どもたちの成長・発達と親の働く権利をともにたいせつにすることが保育園の基本的役割であることを忘れてはならないと思います。

（角田伸次）

Q 5 民営化で保育の「質」は高まると行政側はいうのですが、ほんとうですか?

A

行政担当者が「保育の質」と言う時、それが「保育サービス」「保育事業メニュー」という言葉と混同し、同じ意味で使われていることがよくあります。「民営化すれば、さらなる延長保育や一時保育を実現できます。保育の質は高まります!」といった調子です。

しかしこれまでの例をみれば、民営化で保育の質が高まることはほとんど期待できないということがわかるはずです。どんなに良心的な事業者が受託しても、理念をもった保育をやろうとすればするほど、厳しい委託費の範囲でのやりくりで運営を工夫しなければならないのです。日常の保育を安定させるだけでも大変なのに、午後八時三〇分までの延長に加え、休日保育の実施、さらには、一時預かりの保育を……、と行政から指示があるわけです。東京都の練馬区や大田区の場合、これらに加えて年末保育もはじまっています。少ない予算で、あれもこれもやってくれというわけで、保育園側は大変な負担です。

私たち親が「保育の質を守ってください」、という言葉の意味を考えてみましょう。私たちは毎日わが子が、朝早くから夕方までを過ごす場所としての保育園の「生活の質」を守ることを、お願いしているわけです。安全な環境の中で元気いっぱい外遊びをする。散歩に出て四季を感じとったり、生き物に触れてみたり、五感をたくさん刺激しあう。または、室内で、折り紙や絵を描いたり、好きなゲームを好きな友だちとしたり、先生と歌を歌ったり、リズムにあわせて踊ったりして過ごす。安全でおいしい手作り給食を食べ、午睡で体を休める。おやつの時間には「お迎えまでのあいだ、何して遊ぼうか」と、お友だちと話したり……。そんな生活を毎日、心おだやかに送れることこそが、「保育の質」を守るということではないでしょうか。年齢や発達段階にそった日々の活動の中で、子どもたちが好奇心やチャレンジ精神を育て、健やかに成長することのできる保育園を求めているのだと思います

たしかに一方では、保育時間延長の要求が出されているかもしれません。一時保育の要望もあるでしょう。行政にはこれらの需要について統計などで把握し、報告してもらうことが大事です。新たな保育サービスは、きちんとした職員体制と整った環境で受け入れることが必要です。そうでなければそこは保育園ではなく、その場しのぎの「託児室」になってしまいかねません。

（原純子）

Q 6

「民間委託」と「民営化」は、どう違うのですか？

A 二〇〇〇年三月三〇日の厚生省（当時）通知により、あらゆる民間法人（株式会社やNPOなど）が保育園を運営することが可能になりました。そのため民営化や民間委託が急速にひろがっています。

いままでは、公立保育園の「民営化」には、二つの意味を含むのが一般的でした。ひとつは、貸与や譲渡により公立保育園を私立保育園に「移管」する（公設公営→民設民営）という意味です。もうひとつは、設置は市区町村ですが、運営は社会福祉法人や企業にまかせる（公設公営→公設民営）という意味です（この場合、民間委託後も名称は市区町村立〇〇保育園です）。

しかし、全国各地で民営化が強力に推し進められ、この問題が報道されるようになると、今では第二の民営化を区別して「民間委託」と呼ぶようになりました。

では「民間委託」というのはどのようなものなのでしょう。民間委託には、業務委託（運営）・管理委託・指定管理者制度（詳しくは、V章Q4 一三三ページ参照）があります。管理委託は、〇六年九月までに直営に戻すか、指定管理者制度に移行しなくてはならなかったため、現在は業務委託方式と指定管理者制度の二つの委託方法が併存しているのみです。

民営化により私立保育園に移管した場合、その保育園をチェックするのは都道府県または指定都市（政令指定都市・中核市・他）です。多くの市区町村は立ちあう程度で細かく指示することはできません。一方、民間委託の場合、その保育園のチェックは、市区町村が実施しますので、細かく指示をすることができます。

指定管理者制度は、〇三年九月の地方自治法改正で生まれた、管理委託制度にかわる方法です。議会の同意や委託期間の明確化などをのぞけば両者にそれほど違いはありませんが、指定管理者制度は法人の権限の範囲がひろくなっています。とりわけ指定管理者に、保育園の入所決定や保育料の決定権があたえられています。しかし現在は児童福祉法の規定が優先し、この二つの権限は指定管理者制度になっても、市区町村の権限であり、公立保育園時と変わりません。しかし今後、この法律が大幅改正されると、入園が「保育に欠ける」順でなくなったり（極端な場合、保護者の収入順になることさえあるかもしれません）、保育料の大幅値上げや別料金でのいっそうのオプション提供が予想されます。（角田伸次）

III

ひとりからでもできる運動、ふたりいればもっといい

Q1 保護者会が、民営化問題についてまったく動こうとしていないのですが

A ほんとうに保護者会に「動く」意思がないのか、それともどう「動いて」いいのかわからない状態なのかで、話が違ってきます。まずは保護者会の役員さんに声をかけて、どう考えているのか確かめることからはじめましょう。

もし、どう動いていいかわからない状態だったら、脈があります。保護者会の役員さんたちといっしょに、今親として何をすべきか、何ができるかを考えましょう。

では具体的に、何をするべきでしょう。何ができるでしょう。保育にマニュアルはありえないように、このテーマにもマニュアル的な答えはありません。まずは自分の気持ちを整理するところからはじめます。

保育園の民営化に直面したとき、「それはありがたい。ぜひウチの園を民営化してくださいい」と喜ぶ親はおそらくいないと思います。親だったら、さまざまな疑問や不安がわいてきて当然です。

民営化されると何が変わるの？　ウチの子はどうなるの？　メリットやデメリットは何？　なぜ民営化するの？　仕方のないことなの？

自分たちが疑問に思うことを、どんな小さなことでもいいので、出し合ってみましょう。そうすれば自然にその答えを知りたくなるはずです。その答えを探し始めた時、あなたも、すでに「動いて」いるのです。

保護者会が動けない原因のほとんどは、民営化についてよくわからないというところにあります。それなら、まずやるべきことは、民営化を「知ること」です。市販の書籍を読んだり、インターネットで調べたり、民営化を経験した保護者たちや現場の保育士さんや受託を経験した民間の園長さんや、さまざまな人たちの話を聞く機会を設けてみましょう。そうしていくうちに、自分たちの考えがしだいに固まっていきます。同時に、すべきことも見えてくると思います。

もし、保護者会がほんとうに動く意思がないとしたら、何か個別の理由があると思われます。それを探るよりも、動きたい人たちが集まって先に動いてしまったほうが、手っ取り早いでしょう。何といっても、自分たちの子どものことなのですから。

（笠本丘生）

Q 2 行政が決めたことに、反対したり、再検討を申し立ててもいいのですか?

A もちろんできます。というよりも、そもそも「行政が決めたことだから」と何も言わなくなってしまうのは、保護者としての責任放棄ではないでしょうか。保育園では、〇〜五歳児の子どもたちが生活しています。この年頃の子どもたちが、民営化について自分の意見や要望を行政に伝えることなどできるはずもありません。子どもたちの声なき声を代弁できるのは保護者しかいません。

保育園の民営化はたいていの場合、行財政改革の一環として位置づけられています。つまり行政は、自治体の財政を最優先に考えています。子どもたちの健やかな成長を第一に考えてくれるわけではありません。

それでも「行政のやることだから、大きな間違いはないだろう」と考える人がいます。ほんとうに間違いがないかどうかは、保護者自身が子どもたちの視点で確かめる必要があります。行政に丸投げしておけばいいやという姿勢でいると、何か問題があったとしても、気づかないことがあるかもしれません。

「行政は、一度決めたら変わらない」という声も、よく耳にします。確かに、行政の姿勢を変えさせるのは、並大抵のことではありません。保護者がどんなにがんばっても、結局変わらなかったという事例も、確かにあります。ただし、一〇〇％すべてを変えられなくても、二〇％でも変わったとしたら、それは子どもたちにとっては成果です。保護者があきらめてしまえば、その二〇％の成果も得られません。確実にゼロです。

保護者ががんばって、行政の姿勢を変えさせた事例もあります。最近では、宇都宮市立あずま保育園の例（Ⅳ章９一〇六ページ参照）があげられます。二〇〇七年四月の民営化直前の三月に事業者を選び、移管後に引き継ぎするという乱暴な計画でしたが、結局市長が延期を表明しました。複雑な背景があるようですが、少なくとも保護者たちの悲痛な叫びがなかったら、市長の延期表明もなかったでしょう。

行政を変えるのは不可能なわけではありません。あきらめた時点で不可能になるのです。

（笠本丘生）

Q 3 一人からでもできる「運動」がありますか？ どんなことができますか？

A 「運動」という言葉を聞くと、ハチマキ巻いて「反対〜！」といっせいに大声を唱える……というようなものを連想しがちです。「それはちょっと」と引いてしまう保護者も少なくありません。でも、ほんらい保護者としてすべきこと、できることをするのが「運動」なのです。それには、おかしいことをおかしいと正々堂々と主張すること、何がおかしいのかを学ぶこと、そして理解者を増やしていくこと、といった活動が含まれるでしょう。

とくに保育園の民営化をめぐる活動には、「むずかしい」とか「よくわからない」といった声がつきまといます。積極的には動かないけれど、「知りたい」というニーズは確実にあります。それに応える活動なら、一人からでもはじめることができます。

自分の園の保護者を対象に、民営化に関するメールニュースを発行するのもひとつの方法です。「行政からこんな発表があった」「○○保育園の公募がはじまった」「お隣の自治体では、保護者がこんな活動をしているよ」「新聞にこんな記事がのっていたよ」というような情報をサササッとメールで流すわけです。保護者たちの「知りたい」というニーズに応え、関心をつなぎとめるのが狙いです。コピーを配るよりも断然速くて楽なのが利点です。ただし、配信希望者を集めるのは一苦労ですし、発行し続けるのも労力が必要です。

保育園に設置されている保護者会用掲示板に、民営化に関する新聞記事のコピーを貼り出すのもいいでしょう。新聞記事でなくても、行政資料で掲示可能なものを貼り出してもいいと思います。民営化についての事実を伝えるもののほうが好まれるようです。

こういった活動は、自分で情報を集めて伝える作業になりますので、想像以上に労力が必要です。仕事をしながらの保護者では、負担しきれない場合もあるでしょう。

そんなときは、たとえば送り迎えのときに会う顔なじみに「民営化をどう思う?」と声をかけてみる、他の園で活動する保護者たちと交流する、そこで仕入れた情報を自分の園の親たちに伝えるといった、地味なことからでもいいと思います。続けていれば、少しずつ、しかし確実に、周囲に影響します。ときには、反発が出るかもしれません。しかし理解者も必ず現れます。

(笠本丘生)

Q4 「ほうんネット」はどんな団体なのですか?

A ここ数年、公立保育園の民営化（民間委託）計画を打ち出す自治体が相次ぎ、注目されています。子どもたちは、民営化の変化に、対応する力を持っていません。ですから子どもたちを守るために、保護者や地域がいっしょになり、または保育者もいっしょに、あるいは保護者だけでと、それぞれの条件で取り組みをしている地域があります。その一方でどうしたらいいのかわからず、時間ばかり過ぎていってしまい、民営化が実施されてしまっている地域もあります。

二〇〇六年秋、首都圏の民営化を経験した保護者が集まりました。そこで、各地の活動の教訓や成果を学びあい、民営化問題に悩んでいる保護者をサポートするために、「ほっとけない!」を合い言葉にして、全国的な保護者のネットワークをつくろうとなりました。その思いのもと発足させたのが、「公立保育園民営化問題 保護者の運動交流ネットワーク（略称／ほうんネット）」です。

保育園民営化については、いろいろな考え方があります。それだけ、各地の保護者の取り組みもいろいろです。ですからお互いに情報や意見を交換しながら、学びあい、助けあっていこうとすること、これが「ほうんネット」の第一にめざすことです。

そして何よりも、「ほうんネット」には、民営化を実際に経験した保護者がたくさん集まっていますので、あらゆる地域の保護者の相談にのることができると思います。これこそが「ほうんネット」の最大の特徴です。

また、「ほうんネット」は保育園民営化について、反対や賛成の一定の方針を押しつけるものではありません。寄せられた各地の保護者の悩みの相談にのりながら、いっしょに励ましあっていきたいと思っています。

具体的には次のような活動をします。

①民営化や保育について情報提供や意見交換の場を提供します。

②全国の保護者会や父母会に、有識者や民営化を経験した保護者を派遣します。

③シンポジウムや相談会を開催します。関連の本を出版します。

④全国の保護者会や父母会の仲介をします。

「ほうんネット」　ＨＰ　http：//www.houn-net.org/

（角田伸次）

Q5 保護者会組織にはどんな会がありますか？

A 多くの保育園には、「保護者会」や「父母会」という名称の、園に子どもを通わせている保護者が自主的に運営している会があります。保育園との連絡・調整の窓口になったり、夏祭りやハイキングなどのイベントを開催して、保護者間の親睦も深めています。

また、各保育園の保護者会や父母会が、連絡・交流する組織として自治体の単位で「父母連合会」「父母連絡会」「保護者連合会」「保護者連絡会」といった上位組織があります。こういった組織は、各保育園の交流や、保護者の意見を行政に伝えることを目的としており、延長保育の拡大や保育園の拡充を求め、実現させてきた組織も多くあります。

保育園が廃止や民営化の対象となったとき、全国では多くの場合、保護者会や父母会が対応を行っています。また、上位組織も学習会を開催したり、行政との対話の場を設けたりという活動を行っています。また、保育関係の諸団体と協力し、反対のパレードを行ったり、よい事業者を自ら捜すために調査を行ったり、委託が決まった後に、行政、事業者と協議会を作り、協議を進めるなどのさまざまな活動が行われています。活動を円滑に行うために、保護者会や父母会、その上位組織は、メールで効率的な意見交換をしたり、ホームページを開設して情報を公開するなどの取り組みも行っています。

民営化問題に関してのさまざまな活動を進めるうえで最も必要なことは、保護者全員の協力です。活動の代表的立場や会の役員となった保護者は、たいへんな労苦を背負うと同時に、また大きな責任を背負うこととなります。そういった人たちを支えていくためには、多くの保護者が活動に関心を寄せ、「やれることを、やれる範囲で、やすみながら」（「3Y」のモットー）みんなで支えていくことが大事です。そして、保護者が連帯することで、民営化の問題だけでなく、保育園の防犯・地域との共存や保育園の職員との協力といったところでも、活かしていくことができます。

保育園の保護者は、毎日仕事と育児で非常に忙しく、自分とわが子のことで精一杯、という状況でしょう。そのような日常に、ある日突然保育園の民営化の話が入ってくれば、無関心を装いたくなる気持ちもわかります。しかし、大事なわが子の生活にかかわることです。やれることから積極的に参加しましょう。子どもたちはじっと、大人のようすを見ていますよ。

（長谷川和寛）

Q 6 「保育問題協議会」「保育問題連絡会」って、どんな団体ですか?

A それぞれの自治体には、「保育問題協議会」(通称/保問協《ほもんきょう》)や「保育問題連絡会」(通称/保育連《ほいくれん》)という団体がある場合があります。この保問協は一九六〇年代に全国各地に発足したもので、たいへん長い歴史を持ちます。戦後、核家族と女性の社会進出、共働き化がすすむなかで、一九六〇年代に入ると、「ポストの数だけ保育所を!」という、子どもを持つ働く女性を中心にした保育所づくり運動が拡大しました。各地で「保育所づくり協議会」という団体が結成されましたが、これが保問協、保育連の前身です。

保問協・保育連は、すべての子どもの育ちと生活を守ること、そして、働く親への社会的支援を求める活動をしてきています。

各地の保問協・保育連は労働組合や公立保育園の保育士、私立保育園の保育士、保護者やその団体、市民団体と協力して保育園の増設にも取り組んできました。

いま、全国各地で保育園の民営化が進められている中、保育園が社会全体の支援と責任で運営され、子どもたちの育ちや生活がしっかり守られるものであってほしい、という共通の思いを抱きながら、保問協・保育連は全国各地で活動を行っています。（長谷川和寛）

Q 7 保育士さんの組合は保護者の運動を支援してくれるのでしょうか?

A 保育士さんたちをはじめ労働組合は、保護者の運動を支援してくれる場合が多くあります。県や市、区などにある職員労働組合には、その多くに公立保育園の保育士などの職員が集まる「分会」というものがあり、ここに属する保育士さんは、保護者の保育運動に協力してくれる場合が多くあります。話し合いの間子どもたちの保育をお願いしたり、自治体の保育状況や保育に関することを聞けることは、とくに民営化に対する運動では、保護者にとってたいへんありがたいことです。また、民営化に対する運動をする時、保育行政の仕組みや、保育はもちろん政治や法律の知識までが必要となってきます。それらの知識を持っている労働組合にはぜひ協力を仰ぎたいところです。

ところで、労働組合にはこんな意見もあります。「公立の保育園の保育士は給料が高すぎる。民間で運営すれば安くすむという話なのだから、公務員の給料を下げれば、民営化など持ち出さなくてよいのではないか」「労働組合は職員の職場を守るために、保護者をダシに使って運動させている」。そして保護者の中には、労働組合からの支援や協力体制を快く思わない保護者もいます。しかし、それは保護者の中で「自分たちが子どもたちのために、何がしたいのか、何を求めるのか」という点が明らかになっていないからではないでしょうか。

子どもたちのために、ひとつでも多くの「実」を取る作業こそが保護者の運動なのです。さまざまな考えや感情をこえて、協力してくれる人をなるべく大勢味方につけることこそたいせつではないでしょうか。

（長谷川和寛）

Q8 参考になるホームページを教えてください

A 公立保育園の民営化に際し、保護者の運動を展開してきた保護者会や父母会、父母連などのホームページがたくさんあります。そこでは、掲示板やブログなどによって、保護者の生の気持ちや意見を見ることもできます。こういった生の情報は、運動を進める上で大変参考になるものですが、当然さまざまな立場の意見がありますので、まどわされて混乱してしまうことがあります。あくまで客観的な目で、必要な情報を取り出していくことがたいせつです。

ここでは、そんな保護者の運動に参考となるホームページの一部をご紹介します。

●ぼくたちの岸根保育園　http：//www.geocities.jp/madokakamen/index.html

二〇〇四年四月に民営化された横浜市岸根保育園の保護者らが開設するホームページ。掲示板では民営化される前、された後の保護者の切実な声を見ることができます。また、民営化の取り消しを求める訴訟が現在も続いており、横浜地方裁判所で横浜市に対し賠償の命令が下った判決の要旨なども見ることができます。

●保育園民営化問題についてぶつぶつ言ってみた　http：//blog.goo.ne.jp/sawab

練馬区の区立保育園民間委託について、保育園児のママの視点で思うことや、民営化の経緯や訴訟のようすなど、さまざまな情報を見ることができるブログです。

●天使が我が家にやってきた　http：//tenshi1998mari.web.infoseek.co.jp/

脳性麻痺、四肢体感機能障害を持つ、まりちゃんのホームページ。障がいを持つ子を支える家族の日々のようすの中に、保育園や小学校でのようすも綴られています。保育園の民営化では障がい児保育もたいせつな争点だということがひしひしと伝わってきます。

（長谷川和寛）

Q 9 保護者が民営化を学ぶうえで、参考になる本や資料はありますか？

A 公立保育園の廃止・民営化を考えるうえで次のような文献、資料が参考になります。

〈書籍〉

●垣内国光『民営化で保育が良くなるの？——保育の民営化問題ハンドブック』（ひとなる書房）二〇〇六年

各地の民営化の実例を紹介するとともに、民営化の問題点や民営化問題に取り組む際の留意点などについてわかりやすく解説している、民営化問題の入門書。

●田村和之『保育所の民営化』（信山社）二〇〇四年

●田村和之『保育所の廃止』（信山社）二〇〇七年

最近の児童福祉法に基づく保育所法制度の変動について、その問題点を考察し、国民の保育要求の実現のために法制度をどのように活用することができるかを考えるための書。

●二宮厚美『構造改革と保育のゆくえ——民営化・営利化・市場化に抗して』（青木書店）

二〇〇三年

駅型保育所や庭のないビルの中の保育所、給食の外部委託など、「構造改革路線」のもとに進む新自由主義的保育政策を、子どもの最善の利益保障の視点から批判している書。

●保育行財政研究会編『公立保育所の民営化—どこが問題か』(自治体研究社)二〇〇〇年

●保育行財政研究会編『保育所への企業参入—どこが問題か』(自治体研究社)二〇〇一年

●保育研究所・全国保育団体連絡会編『保育白書二〇〇六年版』(ひとなる書房)二〇〇六年

●保育研究所編　月刊『保育情報』(ちいさいなかま社)

民営化裁判判決、解説、各地の運動などを随時掲載。

●全国保育団体連絡会編　月刊『ちいさいなかま』(ちいさいなかま社)

〈団体の出版物〉

●パンフレット『公立保育所　廃止!?　民営化!?　Q&A』(公立保育所の廃止・民営化をストップさせ、公的保育制度拡充をめざす大阪実行委員会作成)三〇〇円

「公立保育所の廃止・民営化ってなに?」から「反対運動の進め方」までを解説した手軽な学習パンフレット。

●『民営化裁判シンポジウム記録集』七〇〇円
画期的な判決をえた大東市・横浜市の民営化裁判の記録をまとめたもの。公立保育園の廃止・民営化に苦しむすべての人たちへの力強いメッセージになっています。
（どちらも問い合わせ先・連絡先　〇六―六七六三―四三八一　大阪保育運動連絡会）

〈資料〉
●保育園を考える親の会「子どもたちのために　民営化に求められる最低条件一〇か条」
二〇〇三年一一月に保育園保護者の意見を集めてまとめた「一〇か条」。二〇〇六年一一月に現状をふまえた修正を加え、「民営化に求められる最低条件一〇か条」として改定したもの。「コスト軽減分は保育のために」「人件費の極端な削減は質の低下につながることを念頭に」などポイントと考え方が整理されています。
同会のＨＰ（http：//www.eqg.org/oyanokai/index.html）を参照してください。

（実方伸子）

Ⅳ

民営化をめぐって、

こんなことがおきている、
こんな運動がおこっている

1

前代未聞！　年度途中の委託で大混乱

（東京都練馬区）

練馬区といえば、光が丘第八保育園（以下、「光八」）の混乱について語らないわけにはいきません。年度途中での委託を強行した事例として、全国的に有名になってしまいました。

光八を委託する方針が保護者に伝えられたのは、二〇〇四年八月なかばのことでした。委託は公設民営（業務委託）で、この時点では二〇〇五年四月から委託される計画でした。委託まではわずか七ヶ月あまり。練馬区側の説明に、保護者はどうしても納得できませんでした。

一方で、時間だけが刻々と過ぎていきます。

「反対ばかり言っていても埒《らち》が明かない。とにかく練馬区と協議の場を持とう」

光八の保護者たちの間で、そのような機運が高まっていきました。

交渉を重ね、第一回の協議会開催にこぎつけたのが、二〇〇五年二月五日でした。この時点で、当初の計画の実現は、事実上無理。必然的に、新スケジュールが焦点になったのですが、区は明言をしません。保護者たちは、区からの提案を待つことにしました。

その五日後、新スケジュールの発表は、思いがけない形で行われました。練馬区議会の初日、区長が自らの所信表明演説の中で、光八を九月から全面委託する方針を発表してしまったのです。

この発表に保護者は驚きました。延期されたとはいえ、あと半年しかありません。年度途中の委託で、子どもたちにどんな影響が出るのか、想像もつきません。保護者たちは強く反発しました。「そんな無謀な施策があるか！」と協議を拒否することもできました。でも保護者たちは協議を続けました。協議会は区との唯一の窓口です。放棄するわけにはいかないからです。

その後保護者は、「子どもたちの最善の利益を確保する」を合言葉に、歯を食いしばって練馬区と協議を重ねました。公募要領、事業者選定基準など、必要な事務の七割くらいは、保護者たちの手によるものだといわれています。とくに園長の公募条件は「経験二五年または同等の識見」など、おそらく日本一と言ってもいいくらい厳しいものになりました。

ところが混迷を極めたのは、事業者選定でした。保護者側推薦の有識者三名を含む選定委員会は、初回から白熱の議論となりました。「公募がわずか一二日間というのはあまりに短くないか」「事業者へ幅広く周知する努力をしたのか」「そもそも計画自体に無理がある」など、さまざまな問題点が指摘されました。委員からは、公募のやり直しや追加公募などが提案されましたが、練馬区はそれらについてすべて拒否しました。そのため選定委員長を務めた大学教授が、第二回委員会で抗議の辞任をする事態となりました。

欠員を補充して再度スタートした選定委員会は、園長ヒアリングや現地調査など、必要な作業を終え、協議を重ねて、六月末に「該当なし」の結論を出しました。目前に迫った九月委託を、現行の光八の保育水準を維持しながら実現できる事業者は応募した中にはなかった、というものです。強引な委託を進める区への警鐘だったといえるでしょう。

それでも練馬区は委託を見直すことはありませんでした。「選定に至らなかった」ことを理由に、「該当なし」とされた事業者の中から、区が自ら選ぶことを表明したのです。本委託の時期を一二月まで延期したうえで、保育には直接たずさわったことのない総務部長ら区の数名が、先の選定委員会で問題視された部分を合格点に評価し直したのです。

わずか三週間の作業で選ばれたのが、ピジョン株式会社でした。先の選定において、「保育内容の質は高いか」という評価項目で、選定委員会としては及第点をつけられなかった事業者です。

保育士に過度の負担がかかったため、二〇〇六年三月末までの四ヶ月間に、多数の常勤保育士が退職する事態が生じ、委託後も混乱は収まりませんでした。このため、区長は自ら強引に選んだ事業者に対して、改善勧告を出さざるをえなくなりました。その後、練馬区は、ピジョンからの要請を受け、先の選定委員だった区立保育園の園長経験者を光八の新園長に斡旋しています。

その後は落ち着きを取り戻したかに見えた光八ですが、〇六年度中に計七名の常勤保育士が退職し、練馬区が一二月、再度改善要請を出していたことが、一部メディアの報道で明らかになっています。

光八の委託をめぐっては、現在、区民から住民訴訟が提起されています。

（笠本丘生）

2

突然の方針転換で大混乱――保護者は今も孤立無援

（東京都大田区）

大田区で最初に民営化が発表されたのは、二〇〇二年のことでした。二〇〇五年度から〇八年度にわたり、萩中（〇五年度）、中央八丁目（〇六年度）、池上、大森北六丁目（〇七年度）、北嶺町、新蒲田（〇八年度）の各保育園が民営化されるとの発表がありました。ただし、このときには、区では在園児がすべて卒園した後に民営化するという方針だったため、保護者たちの動揺はあったものの、まだ安堵感がありました。

しかし、その計画は翌二〇〇三年にくつがえされました。七月一五日、突然、西蒲田、山王（〇四年度）、東蒲田（〇五年度）、浜竹（〇六年度）、雪谷（〇八年度）の各園の民営化が発表されたのです。当初の「在園児がすべて卒園してから民営化する」という約束はいきなり反故《ほご》にされました。民営化の当該園にさえ、発表当日に園に一枚のファクスが送られてきて、園長はじめ保育士たちも初めて知った、というような状態。保護者にとってはまさに「青天の霹靂《へきれき》」。保護者たちの不信感は一気に募りました。

特に、わずか九ヶ月程度の短期間で民営化されると発表された西蒲田、山王の各園の保護者たちの動揺は、相当なものでした。「なぜ、うちの園が？」「民営化されたらどうなるのだろう？」といったことについて保護者同士で話し合ったり、学んだりする間もほとんどないまま、業者応募、選定、そして引き継ぎに入ることになってしまいました。

それでも、両園は保護者会を中心にまとまり、民営化についての対応をはかってきました。業者選定についても、多くの保護者で情報や意見を共有できるよう、プリントを作成し、メールを駆使して、やりとりを深めていきました。

とはいえ、各園の保護者会が単独で動いてもその力は知れています。大田区の公立園では保護者会活動は極めて停滞しています。中には保護者会が存在しない保育園もあり、民営化対策をしようにも、まずは保護者会を作るところから始めなければならないところもあります。また、保護者会の上位組織的な名称とスタンスで活動している「ふぼれん」はあるものの、現在、加盟している保育園はごくわずか。園同士の横の連携を取ることも難しく、現役の保護者の意見を集約して行政に対して働きかける運動がほとんどできないという現状があります。「行政の反応をみて、都合よく民営化支持に回ったり反対に回ったりする『ふぼれん』に、逆に困惑させられた」（ある園の保護者の声）という保護者たちも多く、当事者間で問題を共有できない苦悩がありました。

同時に、職員組合も「反対」の方向で活動をすることがありませんでした。そのことも、保護者たちの孤立感、苦悩をますます深めることになったのは間違いありません。

最初の民営化の二園のなかでも、特に西蒲田保育園の民営化には大きな問題が発生しました。業者選定後に保護者たちが仰天したのは、委託決定後に業者が提出してきた受託後の運営プランの中身でした。業者選定の時に提示されていた項目が、かなり削られていたからです。選定委員は、業者が応募の時に提示してきた内容を見て選んだのに、選ばれてからその中身が変わったのでは、何のための選定なのかわかりません。保護者たちは一様に「この契約は『瑕疵《かし》』（注）だ。決定を取り消してほしい」と訴えましたが、聞き入れられることもなく、決定後、わずか二週間で引き継ぎに入りました。

引き継ぎも、混乱の連続でした。新しい保育園で働く保育士が集まらず、予定通りの引き継ぎがまったくできない状態が続きました。やっと集まった新卒の保育士の中には、どうみても子どもの扱いに慣れていない人もいて、親たちの不安はますます募りました。

親たちは業者変更や民営化の白紙撤回を求めましたが、二〇〇四年四月に民営化は強行。しかしその後も、西蒲田保育園の混乱は続きました。四月中に園長が退職。保護者たちは、公立園時代の保育士が引き続き園に残るように求め、さすがに区もこれを受け入れ、七月まで各クラスに一名ずつ区の保育士が配置されました。結局、〇四年一〇月までに、常勤保育士二七人のうち、じつに一七人が入れ替わるという事態になりました。西蒲田だけでなく、同じ時に民営化された山王保育園でも西蒲田ほど大量の人数ではありませんでしたが、やはり同様に保育士の退職が相次ぎました。

翌二〇〇五年四月、多くの子どもが西蒲田から他の公立園へ「転園」していきました。年長組での転園を決意した親子もありました。ある保護者は、転園を決意した気持ちをこう語っていました。「転園させてほしい。民営化される前の西蒲田保育園に……」。

その後も大田区では毎年二～三園ずつの公立園が委託、あるいは移管されています。現在、二〇一五年までの民営化予定がすでに発表されており、最終的には区立保育園の半数を民営化するとされています。

区立園の半分を民営化する、という施策の意味は何なのか。財政問題以前に、裏返せば区の保育施策に自信がないということなのではないでしょうか。今、公立園にあずけている保護者たちは、そんな不安を感じざるを得ない状況になってきています。（猪熊弘子）

（注）瑕疵…法律上、欠点、欠陥があること。

3 裁判所も認めた違法な民営化
（神奈川県横浜市）

横浜市での保育園民営化は、二〇〇三年三月に「横浜市児童福祉審議会」が「保育サービスの充実に向けて保育所のあり方と行政の役割はどうあるべきか」という報告を市長に提出したことからはじまりました。

この意見具申のなかで、「行政はコーデネーターに徹して、公立保育園は順次民間移管していく」ということがうたわれました。これを受けて横浜市は、わずか一ヶ月後に四項目の「今後の重点保育施策」を策定。この四項目の中の一つを「民間移管」とし、公立全一二六園を毎年四園ずつ民間移管していく、同時に初年度該当四園の名前をマスコミに発表しました。

該当園の保護者は寝耳に水で、怒りと戸惑いが交錯したパニック状態でした。その後、各園で行政の説明を聞きましたが、保護者の意見は、「絶対反対」から「条件闘争」、「反対だがあきらめ」という意見までいろいろとありました。当然ながら、「大賛成」の人はいませんでした。

そこで、私たちはまず各園に対策委員会を作って議論することから始めました。そして民営化賛成、反対ということではなく、「一年というスケジュールは凍結して改めて保護者との協議の場を設けてほしい」という方針でまとまりました。この要求に対しての市側の回答は「スケジュールは変更できない」というものでした。

そこで今度は該当四園が合同し、スケジュール凍結について保護者の八〇％の署名をあつめ、市長と議会に陳情を行いました。同時に各園がこの施策に対する数十項目の質問を作り、市からの回答を待ちましたが、けっきょく二ヶ月間放置されました。

この間、市側は着々とスケジュールを進め、法人の募集を開始しています。法人選考委員会との話し合いを要求して、選考委員会との話し合いに入ると同時に、再度市長に陳情を行いました。結果として、九月議会での条例改正の予定を一二月の議会までとすることができました。この間、横浜公立保育園保護者会連絡会にも連絡をなんとかとることができ、応援体制がつくられるようになりました。

移管法人が決定してからわずか二週間後に引き継ぎがはじまりました。引き継ぎ直後の市議会で条例改正が議決されました。もちろんこの議会でも、最後の望みをかけて市長に陳情、議会に請願をしましたが否決されました。

条例が通ったため、せめて子どもたちの保育環境を少しでも守ろうと、各園で法人との二者協議を開始しました。この協議では、具体的な保育の内容まで踏み込んだ話し合いとなり、大きな成果をあげることができましたが、一部の園では保護者と法人の間にきしみが生じて後々に大きな禍根《かこん》を残すことにもなりました。

行政側には、この民間移管はきわめて違法性が高い施策であることを問う訴訟を保護者が原告となって提起しました。移管の中止を求めた執行停止は却下されましたが、その後の本訴（もともとの原因を争う訴訟）では保護者側の完全な勝利となりました。

期間が短すぎて（実質一ヶ月）まともな引き継ぎができなかったため、移管後は各園ともに相当の期間にわたって混乱が起きました。保護者からは子どもの心身の変調について多くの報告がありました。

そこで、保護者は新たな対策を講じました。たとえば岸根保育園では、法人と保護者との二者協議だったものを、行政も交えた三者協議に移行しました。そして法人と保護者で共同して、混乱が多い時間帯に行政の責任において人員を増やすことを要求。延べ四名の保育士を増やしてもらうことができました。

三者協議はその後一年間継続しました。法人との意思の疎通を図るため、通常のクラス懇談会を、全クラス懇談会に切り替えました。これには毎回保護者の約半数と法人側の理事長・園長、全保育士が参加して、園の安定した保育を進めることに大きく寄与しました。
とはいえ、これだけの努力をしても安定したといえる保育環境ができるまでに一年、一時保育の実施までには二年かかったことは見逃せない事実です。

（佐藤正勝）

4

民営化をめぐる住民投票直接請求運動と裁判
(大阪府大東市)

大東市には公立保育所六園、民間保育所一五園の認可保育所があります。二〇〇〇年に「公立保育所の民営化」を公約の一つに掲げた現市長が当選し、〇一年一一月に「全公立保育所民営化」の方針を打ち出しました。そして手はじめとして、〇三年四月から上三箇(かみさんが)保育所の民営化を強行しました。

当初、市は、公立保育所を民営化する理由として市財政の問題のほか、公立保育所と民間保育所における「超過負担」(注)の差が大きいことをあげていました。

しかし、大東市で民間保育所と比べて公立保育所に経費がかかるのは、公立と民間の保育実施内容に大きな違いがあるためです。民間保育所では、基本保育以外の特別事業は「延長保育」以外ほとんど実施されていませんが、公立保育所ではすべての園で「延長保育・障害児保育・産休明け保育・地域事業」を実施しています。さらに「看護師」や「庁務員」(用務員と同職種)も公立には正職員で配置されていますが、民間には正職員での配置はされていません。

民営化の理由として財政問題があげられましたが、民営化をしても保育士が退職するわけではないことから人件費は減らず、その財政効果は市の試算でもわずか四千万円程度にすぎないことがわかっています。ところが市はこの試算を公表せず、「単純試算で一億九千万円の削減になる」という別の試算を市の広報誌や市民向けのリーフレットで主張しています。一方では「住道駅周辺整備事業」や「ヘリポート付き防災公園事業」に一〇〇億円を超える税金が投入されることもわかりました。

保護者や保育関係者は市側の説明に納得できず、「公立保育所民営化の是非を問う住民投票条例」制定の直接請求署名運動を展開、請求に必要な署名数の約一〇倍にあたる二万筆を超える署名を集めることができたのです。ところが、これだけ多数の住民の署名を集めたにもかかわらず、住民投票条例案は否決されました。

そこで、二〇〇二年一一月五日、上三箇保育所の保護者七四名（後日、二名追加提訴）が、大阪地方裁判所に対し「大東市立上三箇保育所廃止処分の取り消し」を求めて集団提訴を行いました。

二〇〇三年四月一日、上三箇保育所は寝屋川福祉会が運営する民間保育園となりました。保護者の懸念は早々に現実のものとなりました。「保育所へ行きたがらない、行っても泣きじゃくる」子どもや、「保育所をやめる」と言い出す子どもが出てきたのです。特に年齢の高い子どもたちに、より大きな影響が出ました。保育士がすべて入れ替わることの子どもたちへの影響の大きさを、保護者たちは改めて痛感しました。

一方、市は、保護者たちが求めていた民営化後の公立保育士の派遣について、当初はかたくなに受け入れなかったのですが、大阪地裁の判決（原告敗訴）を受けて、現所長の週三回程度の派遣を決め、四月一日より実施しました。このことで、保護者や子どもたちが、少しは安心できる結果となりました。

また、それ以降も子どもたち（特に年長児）の不安定な状態が続き、園の行事や運営方法についても以前と違うことが多くあり、保護者たちはとまどいました。とくに、保護者に説明や連絡もなくロッカーが新しくなり、そのために昼寝用布団が屋外の簡易倉庫へ移動させられたことには、多くの保護者が驚きました。

保護者たちは、保育課との交渉や法人の理事長との話し合いを重ね、保護者や子どもたちへの負担を軽減するために努力しました。その結果として、布団は元通り屋内に戻りましたが、民営化によって市が保護者たちに約束した「同じ保育の継承」は、とうてい実現できないことが明らかとなってきました。

二〇〇五年一月一八日に出された大阪地裁判決は、子どもたちや保護者の被害を認めながら「損害賠償」は認めないというものでしたが、〇六年四月二〇日に出された大阪高等裁判所の判決は、「公立保育所廃止・民営化」による子どもたちや保護者への被害に対して、全国で初めて損害賠償を認めた画期的ものとなりました。

大阪高裁は、子どもたちの損害を認め、保護者の立場に立った判決を下しましたが、一方で、保護者が選択した保育所での小学校入学まで保育を受ける権利については、保育所が市長の裁量で廃止されればなくなってしまうという大阪地裁判決をそのまま採用し、子どもたちの安定した保育を受ける権利は、依然として市長の裁量で自由に奪うことができるという、不安定な制約つきの「権利」であると認定しました。

私たちは、市側が今回の判決を不服として、最高裁判所に上告したことを受けて、「子どもたちの権利」を最高裁に認めてもらうように上告しました。

私たちは引き続き保育園の民営化問題を通して、「児童は、人として尊ばれる。児童は、社会の一員として重んぜられる。児童は、よい環境の中で育てられる。」という児童憲章にこめられた、子どもたちの健やかな成長と発達という願いが実現される社会をめざして、裁判と、この運動を続けていこうと考えています。

（大西泰治）

（注）「超過負担」とは……保育所運営にかかるすべての支出から、国・府・市の負担金や保育料などの一切の収入を差し引いた額で、市町村の実質的な持ち出し分のこと。

5

当事者に伝えず民営化に着手——普通のママたちが裁判を起こした（千葉県八千代市）

私たちは、大事な子どもの昼間の居場所として、保育園を選んでいます。信頼していっしょに子育てをし、親も子も保育園で成長していきます。そんな一人ひとりの子どもと親のことを思って作り上げてきた八千代市の公立保育園に対し、議会で決定したからというだけで何の説明もなく、移管への手続きがはじまりました。ほんとうにとまどいました。

どうしてもやるというなら、きちんと納得がいくように説明をしてくださいと訴えてきました。なぜそんなに急いで民営化しなければならないのか。コスト削減のためではなく、地域子育て支援を行うためと言われましたが、いまだにその理由に納得がいきません。

二〇〇五年二月一四日に、八千代市保育園父母会連絡会（市内一二園の父母会）が「子ども行政ありかた検討委員会」に呼ばれました。「一九年度に一園を民営化するにあたっての移管条件について話し合いをする」ということでした。そのときには、三園を民営化するという計画は連絡会には、知らされませんし、当然、園名も出ていませんでした。

受託法人選考委員会はすべて非公開で、父母の代表も入っていません。私たちは、せめて、委員会の傍聴をさせてほしいと要望してきましたが、当事者である父母が蚊帳の外の状態で法人の選考は行われました。

六月の議会直前に市長との懇談を申し入れ、初めて、市長と当事者である父母との話し合いができました。

「三園廃止条例が出るのはほんとうなんでしょうか?」「横浜や大東市の裁判の判決を知ってのことですか?」「なぜ、民営化をそんなに急ぐのですか?」母親たちの中には泣き出してしまう人もいました。

それでも市側の答えは、「裁判のことは知っていますが、民営化はします」というものでした。「なぜ議会前に当事者に何の説明もないのか?」という質問には、「あなた方が選んだ市議会議員の方々に、先に話して了解をもらわないと。それから、あなた方に説明をします」。結局、私たちの願いを聞き入れようという姿勢はありませんでした。

連絡会は、六月議会に、「陳情書」を提出しました。「拙速な民営化をしないでほしい。もっときちんと説明をしてほしい。すべての地域の子育て家庭が平等に支援を受けられるようにしてほしい」という内容です。「連絡会ニュース・号外」を作り、チラシとして新聞に折込んで市民に読んでもらったり、陳情署名や、議会全会派議員との面会をしました。

その成果として、福祉常任委員会では不採択だった陳情が、一転、本会議で採択されました。議会後、はじめて市は該当園の保護者に対して説明会を行いました。

六月二三日に議決されてから、七月一五日に法人の応募が開始されました。説明会がはじまったのは、その応募開始の一週間前からです。ほぼ全員の保護者に対して説明が終わったのは、応募開始前日でした。

民間移管へのスケジュールは、着々と進みました。その頃、市から「保育の質を落とさないよう民営化のルールを定めるガイドラインを策定するので参加してほしい」との連絡が入りました。七月から、何度も協議を重ねて要望を出しました。私たちは、民営化ガイドラインについては、三者合意のルールとして、移管にあたっての転園、引き継ぎ、選考過程などのルールも盛り込んだ基準にしたいと考えていました。ところが、法人に示すことができないということで、HP公開はできず、一部非公開ですが、提言として市に受け取ってもらうことになりました。この非公開部分が、やはり現在も、この民営化の不安な要素として残っています。

一〇月までは、私たち父母も、せめて、いい法人にきてほしいと願ってきました。説明会の中で、「最高の法人」を選ぶため、「該当園なし」という場合もあるとのことでしたが、選ばれた法人は、園長予定者しか決まっていない新規法人（他市にて幼稚園経営）でした。

そこで、一一月になって、移管をせめて一年間遅らせてほしいという陳情をしました。混乱したまま、四月の移管を迎えることのないよう、法人との協議の場を父母会は望みましたが、法人と市は応じませんでした。

やむをえず、一二月二三日、八千代市立高津西保育園の園児と保護者が市に対し、三園の民営化をストップするために、保育園廃止処分の取り消しを求めて、千葉地裁に差し止め訴訟をおこしました。この民営化は、子どもたちが、保育を受けると同時に、保護者の選択権を侵害している、という趣旨です。同時に、仮の差し止めと執行停止の申し立てを行いました。どちらも、重大な損害は認められないということで却下されましたが、現在、高裁に抗告をしています。

（鈴木京子）

6

父母と保育士と市民の共同・協働

――「保育園だいすきネットワーク」結成――
（千葉県船橋市）

二〇〇三年四月、船橋市は中核市になり、それとともに、これまでとは質の異なる第四次「行財政改革」がはじまりました。行財政改革審議会がつくられ、七月には、効率化という名の福祉後退のひとつとして、保育園の民間委託が提案されました。「保育園父母会連絡会」と市の「職員組合」は毎年懇談を重ねてきていたこともあり、すぐに共同して運動に取りかかりました。九月には、「時間外保育士労組」を含めた「保育三団体」が連携して一回目の学習会を実施、三〇〇人が集まりました。

市は審議会の答申を受け、一〇月に「財政健全化プラン」を発表し、正式に保育園などの民間委託を打ち出しました。保育三団体では、船橋の保育園の歴史や大阪の民営化反対運動などを学び、新聞チラシ折り込みや駅頭宣伝行動で、市民に問題を訴えました。二〇〇四年の三月には、父母と保育士をはじめ子どもにかかわる市内の一〇団体で「公立保育園だいすきネットワーク」（略称／だいすきネット）という幅広い運動主体を作りました。

その後、保育園門前ビラ配布、毎月の駅頭宣伝、学習会を経て、九月末からは「民間委託反対・保育園の新設・保育予算増額」の署名活動を開始し、翌年一月までの約四ヶ月で、これまでにはない一二万筆余の署名を集め、市長に請願しました。

その取り組みもあって、いまのところ、具体的な委託実施園の発表はなく、当初の二〇〇六年度からの委託実施計画にストップをかけています。

船橋市の保育園父母会は公立二七園のなかで、乳児園を除く二五園にあり、そのうち二三園が連絡会に参加しています。連絡会はそれぞれの父母会の独自性を尊重しながら、年に一回の総会で活動の方針を決め、毎月の定例運営委員会で具体的な行動を決めています。

民間委託について、現実の問題になるとさまざまな意見が出ました。「民間委託のメリットもあるのではないか」「実際にどうなるのかわからないので何とも言えない」といった意見も当然ながら出されました。しかし、「コスト削減のための委託では子どものためにならない」「公立だから選んだのに途中から民間の運営になるのは契約違反だ」「委託に賛成するのはいつでもできる、どうなるか不安があるのに初めから賛成する必要はない」……等々。そういった議論の末、連絡会として「民間委託反対」の方針を決定しました。二〇〇三年八月末の定例会でした。

方針決定に先立って、最初に取り組んだのは、行財政改革審議会の委員に、父母と保育士からの残暑見舞いハガキを送る作戦と「慎重審議を求める全父母会長連名アピール」を出すことでした。

父母会の反対方針の決定後は、保育三団体で話し合うなかで、「これまでの他市の事例では、委託の具体案が出た後では運動はかなり困難になる」ということがわかっていましたので、委託園の名前を出させないために早期の働きかけが重要だ、ということを確認しました。委託園の名前を出させないために、また、もしも委託の具体案が出されたときにも事前に反対の意思表示をしたという証拠となるように、各園の父母会が一致して反対の意志を表明しようと考えました。

しかし、全園の父母会には、それぞれの意見があります。「民間委託反対」を父母会の総意とするにはとても時間がかかるため、とりあえず、各園の父母会で「うちの園だけは委託しないで」という意思表示をしてもらうことにしました。これは、いかにも利己的な要求ですが、これなら各園の父母会内ですぐにまとまると判断しました。すべての父母会から「反対」意見が出れば、結果的に全体として「反対」となるわけです。

現在のところ、市の動きは表だって出てはいませんが、また近いうちに動きが出てくるかもしれません。そのときにはすぐ対応できるようにしておくことがたいせつになります。父母会は入園・卒園もあり、役員も変わるので、毎年、一からこの問題について伝えていかなければなりません。「みんたく落語」を作り、さらに紙芝居を製作して、この問題をなるべく簡単に、わかりやすく多くの人たちに伝える努力をしています。

民間委託をくい止めるには、世論の力が欠かせません。多くの市民にこの問題を知ってもらうために、父母会連絡会では毎月の駅頭宣伝や市民まつりでのパレードを行ってアピールしています。また、「だいすきネット」では、二〇〇五年から秋に「ふなばし・げんきっ子フェスタ」というイベントを行っています。「げんきっ子フェスタ」には毎年四〇〇〇人以上の親子の参加があり、公立保育園の存在をアピールしています。

◆船橋市保育園父母会連絡会のホームページは　http：//funafubo.chu.jp/

（條　冬樹）

7

強引な民営化──「保護者の同意が前提」の約束はどこに!?

（北海道江別市）

二〇〇七年四月、保護者の強い反対の中で、江別市立みどり保育園は民営化されました。設置主体は市のまま、保育業務を民間に委託する公設民営です。また、委託の方法は指定管理者制度ではなく、業務委託方式によるものです。

民営化問題のはじまりは、二〇〇五年六月に市が市立保育園保護者を対象に開催した「意見交換会」でした。この意見交換会は市立保育園の役割や今後の運営のあり方について意見交換を行うのが目的とされていましたが、ふたを開けてみると、市の考えは〇六年四月に六園ある市立保育園のうち一園を民営化するというものでした。ただし、このとき市の担当者は、「民営化ありきではない」「直接利害関係のある父母の皆さんの同意が前提」と明言していました。

しかし、そのわずか一ヶ月後には、「一園民営化はやむをえない」「みどり保育園が候補」という発言に変わりました。「民営化ありきではない」との態度から「避けられない、やむをえない」と態度が変化したことに対し、保護者は反発を強めました。

市は財政が苦しいことを理由に全園の中の一園を民営化するしか方法がないと主張しました。「ほんとうに財政の改善はあるのか」「財政が理由であれば他の選択肢もあるのではないか」「市政運営の失敗のつけを子どもに押しつけるのはおかしいのではないか」といった保護者の疑問に対し、納得の得られる回答はありませんでした。

保護者の理解がまったく得られてない中、一〇月に対象をみどり保育園の保護者に絞り、「民営化移行説明会」を強行しようとしました。「保護者の同意を得て進める」と繰り返し言ってきたにもかかわらず、強行に進める市に対する保護者の反発は、決定的なものとなりました。「移行説明会」のボイコット、署名活動、議員訪問などの反対運動が大きく広がりました。

その結果、二〇〇六年一月、市は四月からの民営化は見送ることを表明し、「協議の再開と窓口の設置」を求めました。これに対し、保護者は「民営化ありきのスタートではない」ことを条件に「窓口」設置と協議再開に応じることになりました。

しかしながら、市は一方で「みどり保育園の民営化を前提とした」諮問を社会福祉審議会に行いました。市が審議会の答申を楯に強行してくることが予想されたため、保護者は協議継続の条件として「保護者の同意のないまま進めない」という趣旨の市長名の確約書を求めました。しかし、市はこれを拒否し、協議は決裂しました。

民営化にゴーサインを出す社会福祉審議会答申を受け、七月には民営化移行の具体的条件を示す「基本方針」を策定、強行に民営化を進めました。保護者は「なぜ民営化しなくてはいけないのか」「保護者と子どもには選択した保育園で保育を受ける権利があるはず」「保育の質は保たれるのか」「保護者の同意が前提と説明したはず」といった声をあげましたが、二〇〇七年一月から「引き継ぎ保育」がはじまりました。子どもたちの中にはチック症状が出たり、登園拒否をしたりする子も少なからずあらわれました。ケガも頻発しました（「引き継ぎ保育」がはじまって二ヶ月が経過した〇七年三月、「引き継ぎ保育」に関するアンケートを保護者会で行いました。その結果、三六％（総回答数二二名中八名）の保護者がチック、登園拒否、ケガの頻発などの影響が子どもに出ていると回答）。

そのような中、二月には保護者の有志が業務委託差し止めの仮処分（裁判上の手続きで、取りあえずの判断をすること）を札幌地裁に申し立てました。結果的に申し立ては却下されましたが、裁判の後、当初一、二名としていた四月からのフォロー保育に残留する市職員の保育士の数が六名に増えました。

民営化について市の当局は、こう発言をしています。「世の中は官から民への流れ。市役所の各部署でも何か一つ民営化しないと仕事をしていないとみられてしまう。だから民営化を理解してほしい」。

また、市長は、「保護者全員の同意を得るのは不可能である。保護者よりも、市民全体の代表である議会の意見が優先する。したがって、保護者の同意は必要ない」といった主旨の発言をしています。

さらに、「保護者がすばらしいと評価するみどり保育園の保育の質は、民営化後も継承される」とする市の職員に対し、保護者が「みどり保育園の保育の質」とはどのようなものか説明を求めましたが、それに対する回答はありませんでした。保育は子どものためのものであり、子どもにとっての最善を中心に考えなければ意味がありません。今後は業務委託の無効を求める本裁判を提訴し、この流れを少しでも変えたいと考えています。


（相馬　潤）

8

一方的な民営化に対する市民共同の取り組み

（岩手県盛岡市）

盛岡市は、二〇〇四年九月に自ら設置した「公立保育所のあり方を考える検討委員会」の「公立保育園は民間委託ではなく直営で行ってほしい」という結論を無視し、〇六年八月に「盛岡市立保育所民営化計画」を発表しました。公立保育園全園（一八園）の民営化、当面〇八年度に津志田保育園、〇九年度になかの保育園を民営化する、というものでした。

民営化計画発表後も、市側は一方的に民営化計画を進めています。市長が「（民営化の）議論が入り口で止まっており、まだ説明が不十分な面がある」と話をしたにもかかわらず、その約一〇日後、選定委員も決まっていないうちに津志田保育園の移管先法人の公募を開始しました（〇六年一二月）。保護者を選定委員に加えないまま選定委員会を開催したほか、唯一公開された選定委員会は保護者や市民が参加しにくい平日の午後に開催され、傍聴定員はわずか一〇人でした。そして移管先に応募してきた法人（二法人）に対し、わずか一回の選定委員会での話し合いによって、移管先を決定してしまうというものでした。

このような一方的な進め方について、最初の民営化園として発表された津志田保育園の保護者から「民営化が子どもたちにとってよいのか、悪いのかわからない。でも動き出したら止まらないので、曖昧なまま進みたくはない、保護者が納得してから進めたい」との思いが出され、二〇〇六年一〇月に「津志田保育園民営化の問題を考える会」が設立されました。

会で話し合うなかで津志田保育園民営化の問題は、盛岡市立保育園全体の問題としてとらえる必要があるのではないかということになりました。そこで各公立保育園保護者に対し、市長への要請書の賛同者を募る取り組みを進めました。〇六年一一月に開催した「公立保育園保護者会意見交換会」では、「賛成反対という立場ではなく、もっと十分議論を尽くし、検討された中で民営化を決定すべき」という意見が大半を占めました。〇六年一二月には、「子育て行政の核となる盛岡市立保育園の民営化計画撤回。少なくとも、保護者が理解・納得しない間は、この計画を凍結すること」などを求める盛岡市立保育園民営化計画についての要請書を、すべての公立保育園から寄せられた八〇三名の賛同者の名前といっしょに、市長に直接提出しました。

この取り組みの中で、公立保育園保護者連合会が結成されました。現在、打ち合わせを進めながら会報を発行するほか、民営化について考えを問う公開質問状を市議会議員に送付しています。

この間、保育者、保護者、地域の会員で結成された「盛岡の保育をみんなで良くする会」でも、盛岡市の保育の充実を求める要請署名（要請項目「子育て予算の増額」「公立保育園の廃止・民営化反対」「私立保育園の補助金増額」）に取り組み、現在まで約二万五千筆を集めています。また民営化問題を考えるチラシを約六万世帯に配布しました。

そして二〇〇七年二月には「津志田保育園民営化の問題を考える会」「盛岡の保育をみんなで良くする会」主催による「保育園民営化計画の凍結・撤回を！　市民アピール行動集い&パレード」を開催しました。盛岡市職労保育所分会でも、保護者や民間保育園職員との対話活動を進めるほか、「第三回もりおか保育まつり」を〇七年一月に開催しています。

残念ながら、市側の一方的な民営化を食い止めるところまでは至っていませんが、一連の取り組みのなかで、保護者の中から、子どもや保護者自身の声を盛岡市に届けようとする運動や、保護者と保育所分会との対話も進められています。保護者と職員の共同する取り組みにはいろいろとむずかしい問題はありますが、それでも「こんな盛岡の子育て・保育をしたい」という思いからスタートすることで、両者の対話は進むと思っています。

今後は民間保育園や幼稚園、在宅で子育てをしている世帯、さらには直接子育てに携わらない人たちも含めて、対話を広めていくことがとても求められています。その中で、公立保育園とその職場で働く職員の役割も議論していきたいと思います。

盛岡の子育て・保育について考えていくためにも、民営化についてただ「反対」する運動から「みんなの思いを形にする」運動にしていくことが課題であると考えています。

（吉田仁）

9

超拙速！「二ヶ月での民営化」を止めました！

（栃木県宇都宮市）

あずま保育園はJR宇都宮駅から徒歩一〇分のところに位置する定員一二〇名（二〇〇六年一二月末現在で一三四名在籍）の保育園です。現在の保育時間は七時〜一九時。一方で、保護者アンケートの結果からも保育時間延長のニーズはあります。

宇都宮市は二〇〇六年三月に、公立一五園を民営化し、一〇年後に基幹的役割（子育て支援の拠点など）を付した公立四園を残すという整備計画を発表しました。あずま保育園はこのプランの民営化第一号でした。〇六年秋までに委託者を決定し、〇七年一〜三月に引き継ぎ保育を行い、四月民営化スタートという計画でした。当初、保護者からいくつかの質問はあったものの、大きな反応はありませんでした。

二〇〇六年一一月一四日、市は委託事業者を決定しました。しかし、この事業者の理事が市議会議員であったことから、市の財産を市議関連の法人が引き継ぐのは倫理上問題があるのではないかとして、市議会が紛糾しました。一二月四日、保護者説明会開催。市は委託事業者が市議会で否決された場合、〇七年四月からは公立のままで継続すると明言しました。一四日、市議会厚生常任委員会において、市執行部は、「市議会否決の場合、四月からの民営化は不可能」と答弁しました。

二一日、市議会は委託事業者を削除した修正案を可決しました。つまり、この時点であずま保育園の委託事業者は否決されたことになります。そこで一二月四日の市の説明通り、翌年四月民営化は延期になったものだと保護者は思っていました。この経緯について、市からはいっさい保護者に連絡がなく、新聞報道で知るといった状態でした。

二六日、保護者説明会が開催され、一転して市は〇七年四月からの民営化を提案しました。その案は三月までに委託事業者を決め、四月民営化を先にした後、六月までの三ヶ月間、事後の引き継ぎ保育を行うというものでした。参加した保護者はこの強引な案に全員反対し、子どもが一番不安定な年度当初に引き継ぎ保育を位置づけることに大きな不安があることから、前回の説明通り、一年の延期を要望しました。

二〇〇七年一月一五日、保護者説明会で再度四月からの民営化強行が伝えられました。前回同様四月強行の根拠も示されませんでした。市としては、子どもと保護者の不安を解消するために、看護師と心理相談員の巡回、委託後の引き継ぎ保育を四ヶ月間に延長するということをあげましたが、保護者と市は平行線のままでした。保護者は有志で、翌一六日にかけて民営化一年延期を求める保護者署名を集めました。

一月一七日、保護者有志が、市長と市議会議長に保護者の署名を添付した、民営化一年延期の要望書を提出しました。議長は、行財政改革が民営化の理由であることを表明しましたが、現実には宇都宮市は中核市で全国第三位の比較的よい財政状況にあります。

翌日、保護者有志は、保護者全員に対するアンケートを実施。約八〇％の保護者が一年延期を希望し、七五％の保護者が四月に民営化が強行された場合には、反対の態度をとると表明しました。一月一九日、保護者の有志が市長と面談。一度は四月の民営化は決定と再度明言しましたが、保護者の涙の訴えに「考慮する」という返答を得ました。しかし結局、一月二三日、市長は保護者有志代表に対し、行財政改革を理由として、四月民営化は決定すると回答しました。すぐに、翌二四日から、事業者の募集が開始されました。

二月五日、事業者への説明会で、事業者側からも市へクレームがありました。そこで保護者有志は、市民に向けて新たな署名活動を開始しました。

一五日、保護者有志が中心となる「あずま保育園の民営化を考える会」が市長と市議会に民営化延期を求める陳情書を二九七七名の署名を添えて提出。また、宇都宮市民間保育園園長会も、「十分な準備期間に基づく移管を求める要望書」を市長に提出しました。ついに二月二二日、定例記者会見で市長が「延期を含めて検討」と述べ、市議会各会派代表者会議で四月からの民営化を延期する表明をし、方針転換しました。その理由は、応募が二法人で競争性が確保できないこと、延期を求める保護者や市議の声に配慮したというものでした。

二五日、市長は保護者に対し、混乱に対する謝罪をしましたが、民営化への協力も要請し、〇七年度後半の引き継ぎ保育、民営化を再度提示しました。

民営化延期を求めていた「あずま保育園の民営化を考える会」は当初の目的を果たしたため解散し、四月三日にあずま保育園保護者会が発足、新たに民営化への道を探ることになりました。

あずま保育園民営化問題は、「政争の具」として扱われた感が否めないという新聞報道もありました。市議会内の主導権争いが水面下で行われ、市長も市議会の過半数が「四月民営化」でまとまると読んでいたようですが、保護者、事業者の反発が日に日に強まり、議会の潮目が変わったことが市長の方針転換につながった、という分析もありました。宇都宮市の場合、他の自治体の民営化とは異なる独自の情勢があるため、今後どうなるのかは不透明な状況ですが、全国的に見ても前例のないきわめて性急な民営化は、とりあえず、停止させることができました。

（伊藤幸子）

10

保護者と職員、私立保育園との共同の働きかけで民営化を先送り

（岡山県岡山市）

二〇〇四年一二月、岡山市長の諮問機関「総合政策審議会」の保健福祉部会は「公立保育園の民営化の具体化に向けて真剣に取り組むべき」と報告し、民営化が具体化される動きが出てきました。そこで岡山市職員労働組合、公立・私立の保育園保育士と保護者のほか、一般の市民によって、民営化ではなく保育の充実を求める「保育を充実させる岡山市民の会」（以下、「市民の会」）が発足しました。当時、市内には一〇六の保育園（公立五〇、私立五六）がありました。「市民の会」では各公立保育園ごとに保護者との学習会を進め、保健福祉局長との懇談会や、学習会の開催、パレード、署名活動などを行ってきました。

翌〇五年六月、市長は市議会の所信表明で「〇六年度四月から四園を民営化」と明言し、民営化の本格的な検討に入りました。「市民の会」では「コスト論から市民・保護者の声を聞くことなく進める民営化には反対」との主旨で市長に申し入れを行いました。それに対して市は七月には民営化候補園を決定。園名は公表せず、該当地域の町内会長・民生委

員・主任児童委員・保護者会役員らを対象とした「地域懇談会」を開催しましたが、反対や疑問の声が多くあがりました。さらに、全公立保育園の保護者会で構成される公立保育園連合保護者会（以下、「連合保護者会」）が市長に意見書を提出し、市長と懇談しました。市民の民営化反対の声は高まりました。ついに八月一七日、議会保健福祉委員会において、「地域のコンセンサスが得られていない」、「準備が間に合わない」ことを理由に「来年度四月からの民営化実施は非常に困難」と報告されたのです。

岡山で民営化の動きを止めることができた要因は、以下の三点ととらえています。

①公立保育園に対する地域の期待

当局との懇談会や民営化対象園の地域懇談会では、「公立を希望して入園した」「地域の方々に包まれてのびのび育っている」「公立のまま残してほしい」という声が相次ぎました。こうした公立保育園への期待・信頼の声が「コンセンサスを得ていない」として、当局に四月民営化実施を見送らせる直接の要因となったことは明らかです。

保育園職員側の地道な努力や、保護者との協力が、保護者や地域住民の期待や信頼を得ることにつながったのではないかと考えられます。

②私立保育園の厳しさと改善要求

懇談会では、「若い保育士ばかりの民間園には安心して預けられない」「私立園では保育の質がよくないと聞いている」といった声が地域住民から多く出ました。実際、岡山市の保育園には深刻な公私格差が存在します。私立園は、公立に比べて少ない職員と低い賃金で、延長保育、一時保育、休日保育などの多様な保育事業に取り組んでいます。もちろん、私立保育園にもベテラン職員が多い園、困難なケースへの対応や受け入れに公立以上に取り組んでいる園もありますが、そうした園の経営はたいへん厳しいものになっています。私立園の状況を運営費のみの視点から「効率がよい」ととらえることは、保護者にとっては民営化への不安を感じさせ、私立の改善課題に応える道を閉ざすものでしかありません。

そこで、「市民の会」には私立保育園の保育士、保護者、民間の福祉保育労働組合も参加し、民営化問題を公立園だけでない、岡山の保育全体の水準の確保・向上の課題とからめて取り組んできました。重度障害児の保育に取り組む私立園の切実な訴えに対し、当局から補助金の重度加算の復活・改善を引き出すという新たな成果も生まれました。

③「連合保護者会」の存在と保護者による多様な活動

「連合保護者会」では、所属する五〇の公立保育園すべての保護者会会長が署名捺印した民営化反対の意見書を作成しました。同時に会では市長と懇談会を持ち、保護者の民営化反対の声や民営化対象園選定への疑問などを、直接伝えました。「連合保護者会」では、日頃から人形劇観劇などの活動を通じて、園は違っても交流と連帯感があり、民営化対象園が明らかになった後も「該当園の問題」とせず、「連合保護者会」全体の問題として考え、意見表明するという行動が可能になりました。

各園保護者会ごとの活動も活発に行われました。お迎えの時間帯を利用したミニ学習会を何度も開いて全保護者と話をした園。複数の園の保護者会が合同で、地域住民（町内会長、民生委員、児童委員など）や地区の市議などに参加を呼びかけた学習会を開催した園、町内会長、民生委員らに民営化問題の資料と手紙を送付した園など、保護者会ごとに創意工夫あふれる取り組みが進み、地域での民営化に対する認識を深めるのに役立ちました。

しかし、「市民の会」では「ちょっと待ってよ民営化」を合言葉に、取り組みを重ね民営化を先送りさせることができましたが、二〇〇五年一〇月に誕生した新市長のもとでも公立保育園民営化方針は継続されることとなりました。二〇〇六年一一月、当局は民営化を実施する際の基本的なルール、基準を策定し、民営化をスムーズに進めるため、「ガイドライン」策定に着手しました。新たな局面を迎え、「市民の会」もより多くの人々と力を合わせて「岡山市全体の保育充実」「民営化反対」の取り組みを進めていくことが必要だと考えています。

（中野菜穂子・空井美佐子）

11

民間移管方針発表から二年が過ぎて——「うちの園は民営化NO!」八五園が要望書を提出

（広島県広島市）

広島市が公立保育園を順次、民間に移管するという方針を発表してから二年がたちました。広島市公立保育園保護者会連絡会（以下連絡会）の取り組みを紹介します。

二〇〇五年一〇月より各保護者会（保護者会がない園は保護者有志）は、広島市の方針の白紙撤回を求める要望書を提出しています。連絡会が呼びかけてきたこの要望書の提出は、「民営化反対」以前に「方針の撤回」を求め、取り組まれてきました。保育園の運営が「公営か民営か」「民営化反対」では意見が分かれても、「自分の選んだ保育園で卒園まで過ごさせたい」という点で保護者同士が一致できたからです。また、当事者である保護者に対して直接説明すること、保育園のあり方については保護者を含め、地域とともに検討していくことを求めています。

各保育園保護者会での話し合いを経て、現在までに八九園中八五園の保護者会から要望書が提出されています。各園の保護者が担当課とやりとりしながらの要望書の提出は一七回にものぼり、その中で広島市の方針が子どものことを考えて出されたものではないことを実感していきました。毎年「豊かな保育をすすめる会」（広島市の子どもたちの健やかな成長を願い一九八〇年に公私立、院内、認可外保育園の保護者と保育者、学者で結成。以来保育行政の充実を求めさまざまな活動を行っている）が取り組んでいる保育行政の充実を求める署名にも、公立保育園の保護者が主体的にかかわり、園前配布や街頭署名などの行動を行っています。二〇〇六年の一六万筆、二〇〇七年も四月の段階で、すでに一四万筆を超え、保護者が自発的に取り組んでいることがうかがえます。

二〇〇六年一二月には、職員の方々や子どもにかかわる他の団体との共同で「子どもいきいきスマイルフェスタ&パレード」を開催し、六〇〇人が参加しました。保育園職員の方々といっしょにアピール行動を行うことは、市民にこの問題を理解してもらうことにつながっていると感じています。

連絡会ではニュースを発行し、活動や情報を知らせています。二〇〇五年五月の民営化学習会から問題意識を持つ保護者が増え、中心となる保護者があらわれて、新しい活動が生まれてきました。しかし、個々の保護者に情報を伝えることはかんたんではありません。連絡会では、ホームページやメールマガジン、「役員会ジャック」（各園の保護者会役員会に連絡会の役員が出向き、活動や民営化問題の状況を説明する）や「FFP」（ファーストフードパフォーマンス。「公立保育園をなくさないで」と書かれたゼッケンをつけた親子が集団になり、ファーストフード店で食事をするアピール行動）など、さまざまな手段で保護者へ情報や取り組みを知らせ、参加してもらえるようにしてきています。

民営化に関することだけでなく、保護者同士の情報交換や交流の場を重ねながら、保護者会の役割を確認し合うことができ、ともに子育てを考えることができる保護者のつながりづくりも、連絡会のたいせつな役割として取り組んでいこうと考えています。

広島市は、全国に広がっている民営化裁判のようすを見ながら、また保護者の理解を得る方法を模索しながら、素案（保育のあり方の検討結果）をまとめているところです。私立保育園側は二〇〇七年度事業計画案の基本方針の中で、「時期は定かではないが、公立保育園の民営化は明らかになっている」と明記し、複数施設化や職員の分散化などの態勢を整えていくことをさしせまって重要な課題としています。

このような後押しを受けて、民営化を進めようとする広島市に対し、保護者は子どものゆたかな成長という視点で公立保育園の役割や子どもが受ける保育について、市民として行政の責任を追求していかなくてはならないと考えています。

本会のＨＰ　http：//www.geocities.jp/hiro_protect/

（堂垣内あづさ）

託児所チェーン店あらわる

いらっしゃいませ
　　お持ち帰りですか？

12 理詰めの議論で「民営化実施見送り」を実現

（東京都文京区）

東京都文京区では二〇〇三年秋、行革プランの一環として、二〇〇四～〇八年の五年間で一七園ある公設公営園のうちの二園を公設民営化する計画が発表されました。これに対し、保護者と区の協議の場が設定され、〇四年二月から第一次、第二次、第三次と、協議が続けられました。民営化実施は延期を重ね、行革プランの見直しの中で〇七年三月、ついに「公立保育園二園の民営化は、実施を見送る」と報告されました。これは保護者と区が協力してデータを収集し、三年がかりでとことん理詰めの議論をした成果です。

保護者側は区立園のほとんどから委員を出し、民営化に応じるための協議ではないと主張し、区の提案した「保育園民営化に係る協議会」の名称を、三回にわたる大論戦の末、「新行財政改革推進計画における保育園のあり方検討協議会」に変更しました。

第一次協議会は八月まで計一六回開かれ、パブリックコメントを取った結果、二〇〇以上の意見が寄せられました。また、民営化直後で大混乱していた大田区の保育園保護者から、園の実情についてヒアリングしたことが、区、保護者双方に大きな衝撃を与えました。区が主張する「保育の質の維持・向上」が必ずしも担保されないことがわかったからです。区は「協議の場を〇四年度内に延長し、〇五年度の民営化は延期する」と方針を変更しました。

第二次協議会には、区側から行革を担当する企画部長、課長も参加。民営化と、それ以外の保育園改革の手法を比較検討しました。改革の手法は、①公設公営のままでの改革、②民間委託（公設民営）、③民間移管（民設民営）、④地方独立行政法人化（保育園の職員は変わらないが、組織や職員の身分が変わる）の四つ。私立保育園長からのヒアリング、新宿区の民営化園の視察など、〇四年一一月〜〇五年三月まで計九回、保護者と区が共同でデータを収集しました。時間切れとなったため、区は「議論を尽くすために協議会の期間を六月まで延長」と決断しました。

第三次協議会は、議論を円滑に進めるためにワーキンググループができました。区立園長のヒアリングなどを通して、保育の質を保つために必要な人員などを調査し、区が保育士の年齢構成や給与などのデータを開示しました。保護者側が、これらのリアルなデータを使ってシミュレーションした結果、どの手法をとってもコスト削減効果に大差はない、ということが明らかになりました。文京区の場合、保育士の平均年齢が高いため、団塊世代が退職する〇七、〇八年ごろコストはピークを迎えますが、そのあと二〇年後ぐらいまで、下降線をたどります。親子に大きな負担を強いて今二、三億円削減したとしても、数年後にコストは自然に削減されてしまうのです。

この時点で「保育の質を落とさない」「コスト削減」「人員削減」「多様なニーズに応える」という民営化の大義名分はくずれました。民営化してもコスト削減効果は少なく、保育の質の維持・向上には人員が必要であり、多様なニーズへの対応は公設公営園でもできる、といった事実が明らかになったからです。これらの成果をもとに、区民説明会を開催したところ、「そもそもなぜ保育園が行革の対象になるのか」「民営化以前に、保育のビジョンはないのか」といった意見が噴出。区は再度、民営化の実施を延期しました。

二〇〇五年末、協議経過の報告書がまとめられました。保育園改革についての議論はいったん停止したまま、まずは保育ビジョンを作ろうと、〇六年秋、保護者や公募委員、区立園長らをまじえた「保育ビジョン策定検討委員会」（委員長・汐見稔幸・東大教授（当時））が発足し、〇七年三月に策定されました。ここでも保護者委員は公立保育園の役割や意義をふまえ、「現状維持」を訴えました。これらの議論を経た結果、「民営化見送り」の結論が導き出されました。

協議会・ワーキンググループは合計五二回、ビジョン委員会も九回開かれました。この三年、ほぼ二、三週間に一度、会議があった計算です。卒園すると委員が交代する「現役主義」でしたが、代わる保護者は次々と現れました。協議会の議事録は公開、傍聴自由で、さらに保護者が会議を毎回ビデオ撮影していたことなどが、問題と情報の共有に役立ったのだと思います。

データに基づく正論を言い続けること。署名、パブリックコメント、アンケート、説明会でたくさんの人の声を集めること。これは大きな力になります。仕事と育児に手一杯で、一人の力は限られていますが、一人が行動すれば、仲間が増えます。「親が本気になれば、何でもできる」ということを、みんなが学ぶ場ともなりました。

（及川敬子）

13 全国の事例からわかること、考えたいこと

民営化の嵐が全国に吹き荒れています。そこでわかってきたことは、民営化をさまざまな理由を押し立てて進めているけれど、その目的は、子どもの育ちや親の暮らしをたいせつにすることではないということです。国の構造改革の方針ありきで、理由はあとでつけているというのが実際です。強引な民営化によって、民間委託された保育園で保育士さんが次々と辞めていくという混乱が起こっているところも少なくありません。

ではなぜ民営化が問題なのでしょうか。最も大きな問題は、保育の質が低下していくということです。保育コストの削減で、ベテラン保育士が少なくなり、非正規雇用の保育者が増えていくことになります。保育の質の軸となるチームワークはズタズタになってしまいます。ベテランが少なくなれば、親への子育て支援がしにくくなっていきます。保育者と親・保護者との連携・共同が困難になってしまうのです。

民営化は一度実行に移されれば、もう一度公立保育園に戻すということはほとんどあり

ません。自治体の基本的な役割は、「住民の福祉の増進を図ることを基本」（地方自治法）として位置づけていますが、その役割を放棄していくという方向を示しているのが、公立保育園の民営化問題です。その意味で行政当局の基本姿勢が試されているのです。

さらにいえば、民営化をめぐり、行政当局と保護者・現場が子どもの発達・成長を願って協力しあう関係から、対立構造に変わることになります。いい保育・子育てをいっしょに創っていくことから遠ざかってしまうのです。こんな不幸な事態を行政側が作り出しているのが現実なのです。

全国の民営化が強行されることで、明らかになってきたことをまとめておきましょう。

①民営化への転換で、子どもたちの情緒的な発達に少なくない悪影響を与えていること、
②安全面でも問題が起こり、子どものケガが多発している状況があること、
③引き継ぎ保育では、公立で培ってきた保育内容を引き継ぐことは困難であること、
④そのための共同保育の体制は実際には十分には確保されていないことが多いこと、
⑤民営化は必ずしも財政の効率化につながるとはいえないこと、
⑥なぜ公立保育園の民営化が優先されるのかについての明確な理由は行政から示されることはほとんどないこと、
⑦まず民営化ありきで、理由はあとでつけられているので、公開で論点を明確にした論

議を行政はさけようとすること、

などがあげられます。

このような問題点が誰の目にも明らかになり、マスコミでも問題が取り上げられるようになってきました。強引な民営化に対しては、保護者が勇気をもって立ち上がっている現実があります。また裁判に訴えて、ギリギリの運動を進めている保護者たちもいます。

〃お上が決めたことだから従わなくてはいけない〃と思っていた保護者でも、「子どものことだけは譲れない」という思いから、全国各地で立ち上がっています。

子どもの未来を守るのは、親であり、保育者です。子どもの健やかな成長と輝く笑顔は私たち保護者が最善の努力のなかでつくるものです。世界の保育・子育ては、ＯＥＣＤ報告書で示されている「Ｓｔａｒｔｉｎｇ Ｓｔｒｏｎｇ」（人生はじめを力強く）という流れになっています。保育を公的責任でより充実していこうという方向です。ＧＤＰ（国内総生産）に占める子ども・家族関連の公的な支出は、ヨーロッパ諸国の平均は、二％ですが、わが国の場合は〇・七五％というのが現状です。世界的にも国・自治体が本気になって、子育て施策を進めていくかどうかが問われている時代、それに逆行する保育園の民営化はくい止めなければなりません。

（浅井春夫）

V

民営化の保育政策はどうつくられているの？

Q1 公立保育園の民営化方針はどこから出てきたのですか？

A 「民営化」の方針は、もともと政府・厚生労働省と規制改革・民間開放推進会議から出されたものです。方針に基づき、都道府県や市町村が計画を具体化しているのです。

政府・厚生労働省が進める保育改革は、保育の分野においても「競争」にまかせればいいとするものです。具体的には、まず①認可保育所の設置認可に関する規制をなくし、営利企業等の参入を認めました（二〇〇〇年三月通知）。また、②公立保育所の廃止・民営化を推進し、公立と民間がイコール・フッティング（同等の足場）で競争できる条件整備を進めています。その方法として、指定管理者制度（Ⅴ章Q４一三三ページ参照）の活用、「市場化テスト（官民競争入札制度）」の利用が考えられています。「市場化テスト」というのは「官と民とを対等な立場で競争させ、『民でできるものは民で』を具体化させる仕組み」（「規制改革・民間開放推進会議」〇五年五月一二日）と、説明されています。

さらに③認可外保育施設を活用することで、待機児童対策などの保育ニーズに対応しようとしています。認可外保育施設に多少の公的な補助金を出し、そういった施設で保育を受けている子どもたちは待機児童ではない、という定義付けをして、「待機児童ゼロ」の数字合わせをしようとするものです。さらに「認定こども園」の制度を活用して、保育をさらに市場化することも進められようとしています。

最近の規制改革・民間開放推進会議の第三次答申（〇六年一二月二五日）でも、「具体的施策」として、①「認定こども園」（V章Q６一三八ページ参照）の活用促進、②認可保育所における利用者と保育所の直接契約の導入、③利用者に対する直接補助方式の導入があげられています。「認定こども園」での直接契約や保育料の自由設定方式の実施状況を踏まえて、認可保育所制度にも同様に導入することが提案されています。公立保育園の民営化を進めるうえで、認定こども園制度がひとつのステップになっていく可能性が大きいでしょう。

直接契約や保育料の自由設定といったしくみを受けてさらに民営化を進めていくことになれば、保護者の所得格差が子どもの保育保障の中身につながります。保育における利潤追求が「保育の質」の低下をもたらしていくはずです。各自治体は、国が押し進める経済効率から考えた保育施策を行うのか、それとも住民・子どもをたいせつにしていこうという姿勢を持って保育を行っていくのか、その姿勢が問われることになるでしょう。（浅井春夫）

Q 2 自治体の財政は余裕がないので、民営化もやむをえないのでは？

A 民営化の理由の一つとして、財務状況の悪化があげられる場合が多いものです。たとえばある市では民営化の理由を「公立保育園の運営は市税等を使って行われており、『最小の経費で最大の効果をあげる』ことも行政の責務の一つと考えます。保護者や将来をになう子どもたちへの経済的負担をできるだけ減らすのもたいせつなことです」と説明しています。

ほんとうでしょうか？　まず、この説明では保育園運営の財源は「市税等」となっていますが、実際には、保護者が支払う保育料（四割程度）と、その残りを国からの補助金（地方交付税）と、市町村の財源からのお金でほぼ折半するような形で、保育園の運営費は成り立っています。保育園があるせいで市の財政が苦しくなっているかのような説明は誇張だといわざるをえません。立派な「ハコもの」を建てるなど、住民のふだんの生活にあまり関係ないものに巨額の予算が使われていることこそ見直すべきことです。

ほかに、公立保育園の保育士の給料が高いことも財政をひっぱくしている理由にあげられることがあります。公立小学校の先生（勤続一〇年）の給与が手当てなどを入れると三五万〜四〇万円。公立保育園の保育士はその七割程度（三七歳平均で、約三〇万円）ですから、決して高いわけではありません。私立保育園の保育士の給与はそれに比べれば低いものですが、同時に勤続年数も短く、そこを基準にすることは私立保育園のレベルをさらに下げることにもつながりかねません。民営化後、公立保育園で働いていた保育者たちは、またどこか別の公務の職場に移るだけですから、短絡的には財政の改善とは直結しません。

国のいわゆる「三位一体改革」に伴い、公立保育園の国負担分が二〇〇五年度から削られました。その分は、地方交付税（自治体の判断でどの分野でも使える税収）でフォローしているというのが国の言い分です。ですから私立保育園には確実に運営費（使い道が特定された財源）が入ることになり、自治体としては、公立保育園よりは私立のほうがお得ということになります。国は財政面でもそうした民営化への誘導を行っているといえるでしょう。さらに今後は私立保育園への直接的な補助金を削ることも計画されています。

保育は、子どもたちが人生の最初に受ける社会保障です。まずは公立保育園を責任をもって運営していくことが、自治体の本来の使命であるはずです。保護者や将来をになう子どもたちのことを本気で考えれば、民営化が出てくるはずがありません。（浅井春夫）

Q 3 国の負担金はなぜ削減されたのですか？

A 保育所の施設整備費や運営費については、公立、私立にかかわらず、国と自治体が負担しています。保育料は市区町村が年齢区分や所得区分ごとに額を定め、保護者から直接徴収しています。

二〇〇三年度までは、運営費の二分の一を国、四分の一を都道府県、四分の一を市区町村が負担し、施設整備費についても、二分の一を国、四分の一を都道府県、残りの四分の一は設置者（公立は市区町村、私立は社会福祉法人等）が負担。国負担は国庫補助金として支出されていました。

ところが、地方分権を財政面で保障するために、国が使途を細かく決める「国庫補助負担金」を自治体の自主財源である地方税・地方交付税に置き換える「三位一体の改革」により大きな変化がありました。

二〇〇四～〇六年度、公立保育所の運営費と施設整備費のうち、国負担分が、地方税と地方交付税へ税源移譲されました。私立保育所については、運営費が「次世代育成支援対策交付金」（ソフト交付金）、施設整備費が「次世代育成対策支援交付金」（ハード交付金）へ変わりましたが、国の負担割合に変更はありません。

総務省や厚生労働省は、公立保育所の運営費一六六一億円（〇四年度）、保育所等の施設整備費一一〇億円（〇六年度）を地方税・地方交付税へ税源移譲し、私立保育所の運営費・整備費は国庫補助金から使途制限が緩やかな交付金に変わっただけで、保育財源は確保されていると説明しています。しかし自治体の財政担当者から「財政が厳しくなった」「保育経費を捻出しにくくなった」という声が聞こえてきます。その理由は「三位一体の改革」によって地方財政全体が圧縮され、その影響が地方に強く現れたことです。政府・与党は〇四年一一月に、国庫補助金二兆八三九〇億円のうち、実に一六・六％にあたる四七〇〇億円を「自治体スリム化の改革」分として税源移譲や交付金化の対象からはずしました。地方財政の保障よりも国の財政再建を優先させたのです。また、一般財源化された地方税・地方交付税等は、自治体が自由に使途を決めることができるため、必ず保育行政に充てなくてもよくなったことも大きな影響です。しかし、「保育の充実を」「子どもに人と予算を」という世論と運動が高まれば、国の標準を上回る保育行政の可能性が広がったともいえます。

「三位一体の改革」による影響は、公立だけでなく私立保育所にも現れはじめています。私立保育所の運営費や施設整備費のうち都道府県や市町村の負担分、さらに私立保育所への自治体独自の助成は、それぞれの一般財源から支出されているため、財政が厳しいことを理由に、私立保育所の整備や独自助成を抑制する自治体が出てきているのです。自治体財政の拡充と保育予算の増額は公立も私立も共通の課題になっています。

（木村雅英）

Q 4 「指定管理者制度」というのはどんな制度なのですか？

A 指定管理者制度とは、自治体（都道府県や市区町村）が設置する公共施設（図書館や学校、福祉施設、公園、道路など）の包括的な管理運営を、自治体が指定した「指定管理者」に委託して、指定管理者が企業的な経営をできるようにするもの。〇三年に地方自治法を改定して設けた制度です。

政府の説明は、営利企業にまかせれば、企業は利用料以外にさまざまな有料サービスを行って売り上げを増やし、サービスが向上するうえに、自治体が負担する経費も削減できる、というものでした。

法改正前も、公共施設を民間法人に包括的に管理委託することは可能でした（管理委託制度）が、委託先は自治体の外郭団体、社会福祉法人、医療法人、農業協同組合、自治会やＮＰＯなど公共団体及び公共的団体に制限されていました。使用料は自治体が議会の議決を経て決定していました。誰に貸すのか（貸さないのか）は自治体が決定し、開館時間などの運営方法も自治体が決め、管理団体は自治体の指示どおりに運営しなければなりませんでした。

指定管理者制度では、これらの制限がはずされました。あらたに営利企業も公共施設を管理できるようになりました。誰に使用許可を出し、使用許可を取り消すかという行政処分（自治体による判断や決定）を指定管理者の権限で行なえるようになり、指定管理者が使用料（減免含む）を決め（利用料金制度）、有料のサービスで収入を増やすことも可能になりました。議会がいったん指定管理者の指定を承認すると、指定期間中は、指定管理者が施設の管理運営について、その都度議会に報告したり、承認を求める必要もなくなりました。指定管理者の権限が増加した一方で、議会や住民が主権者として直接その施設の管理運営に関与することが制限されたのです。以上が指定管理者制度のあらましです。

保育所にも指定管理者制度を導入できます。しかし、一般法（地方自治法）の規定と異なる個別法（児童福祉法）の規定があれば、個別法の規定が優先する、という原則があるため、入所決定、保育料の決定と徴収は児童福祉法の規定が適用され、保育所の場合には、指定管理者が、誰を入所させ（誰を退所させ）、保育料をいくらにするかを決めることはできません。公設公営の保育所でも、公設民営の保育所でも、民設民営の保育所でも、いずれの場合も、どの子を保育所に入所させるのか、いくらの保育料を保護者に負担してもらうのかは、自治体が決めることになっているからです。

ところが指定管理者制度の「指定期間を定める」という規定は、保育所にも適用されます。従前の管理委託や業務請負の場合、一年契約を、特段の事情がない限り毎年更新されていたため、管理団体は継続して運営していました。しかし指定管理者制度を適用すれば、指定期間をこえて安定的に運営することは困難になります。

総務省の調査（〇六年〇九月）によると、指定管理者制度を導入した公共施設の九三％は、指定期間を「五年以下」に定めています。しかも政府は、指定管理者を営利企業にも開放し、公募による競争を指導しているため、指定期間をこえて同一法人が保育をおこなう保障はありません。そのため、指定管理者はいつでも解雇できる一年契約かパートタイムの保育者しか雇用できず、安定的、継続的な保育ができません。安定性、継続性、専門性をたいせつにした保育所の運営には、指定管理者制度を適用すべきではありません。

（木村雅英）

Q5 企業はなぜ認可保育所に参入できるようになってきたのですか?

A 厚生労働省は、保育所の設置・運営主体を、「保育事業の公共性、純粋性及び永続性を確保し事業の健全なる進展を図る」(一九六三年厚生省(当時)通知「保育所の設置認可について」)ために、長く市区町村か社会福祉法人に限定してきました。ところが、規制緩和政策のもと、公立保育所の民営化がすすむなかで、二〇〇〇年三月、厚生省は待機児解消を名目に、保育所の設置認可についての規制を緩和し、社会福祉法人以外(学校法人、株式会社、NPO、個人)でも、児童福祉施設最低基準をクリアすれば、保育所の設置運営ができるようにしました。

また、従来は自己所有が原則であった保育所の土地、建物についても、賃借も可とする規制緩和を行いました。あわせて国庫補助負担金として支出される保育所運営費の弾力化も行い、民間保育所については、人件費にあてる費用を土地・建物の賃借料や施設整備費などに一部流用できるようにしました。

こうした一連の規制緩和によって、保育所設置運営のハードルが下がり、保育事業を通じて収益を期待する企業が、事業に参入できる条件が広がりました。しかし一方で、認可保育所である以上、入所決定や保育料決定の責任は市町村がおっているため自由にはできず、また保育事業で収益をあげても株主の配当金にはできない、企業立の保育所は施設整備費の国庫補助をうけることができない、などのしばりもあって、企業参入には一定の歯止めがかけられているといえます。そこで、東京都などでは、国の基準にしばられない独自の基準による認証保育所制度をつくり、最低基準以下の認可外施設を認証保育所として容認し、開設整備や施設整備の補助金なども独自につけることによって、保育事業への企業の参入促進を図っています。

企業が保育所で収益をあげるためには、施設設備など初期投資の負担がかからないこと、利用者と直接契約ができ保育料が自由に決められること、収益を自由に使えること、などが条件といえるでしょう。認証保育所では運営費を東京都や市区町村が公費負担することも含め、企業が保育事業に参入する際の障壁となっていたこれらの部分がかなり取り除かれており、企業の参入が続いています。

（実方伸子）

Q 6 「認定こども園」は、どんな目的でつくられたのですか？

A

認定こども園は、「就学前教育保育法」に基づいて、二〇〇六年度からスタートした新しい制度です。保育所と幼稚園の両方の機能を備えたよい施設といった手放しの賞賛をしている報道も多いようですが、それには疑問が残ります。

認定こども園は、保育所児と幼稚園児をいっしょに保育することに加え、子育て支援事業を行う施設とされています。認定こども園になるためには、都道府県に申請し、都道府県が独自の条例に基づいて定めている認定基準にパスすることが必要です。既存の認可保育所・認可幼稚園だけでなく、認可外の保育施設も、申請して認定基準にパスすれば、認定を受けることできます。

その認定基準は、これまでの保育所・幼稚園の両方の制度が、子どもを守るために設定している施設の条件や運営の基準を緩和したものです。たとえば、保育所では必ず設置しなければならないとされている給食調理室については、認定こども園では「置かなくても可」とされました。両方の制度で違いがある時には、低い方に合わせた基準が作られてしまいました。

認定こども園制度ができた第一の理由は、増え続ける保育所需要にお金をかけずに応えるためです。今日、少子化なのに保育所がたりないという状況がありますが、一方で幼稚園には空きがあるのです。保育の質を保ちながら増える保育需要に応えるためには、保育所を新設したり、幼稚園や認可外施設が認可保育所になれるように施設を改善する必要が出てきます。しかし、それには新たな多額の予算が必要になってきます。そのお金を切り詰めるため、既存の幼稚園や認可外施設を、できるだけ手とお金をかけずに活用するために考案されたのが認定こども園なのです。幼稚園と保育所のいいところを取り入れた、といった宣伝文句で、規制緩和の事実を目立たなくしています。

幼稚園児（短時間保育児）と保育所対象児（長時間保育児）では、一日の生活パターンがまったく違います。その異なる子どもたちに負担をかけずにいっしょに保育しようとすれば、ほんらい、数々の配慮と人手が必要なはずですが、そういった条件の整備については各こども園や自治体で考えざるをえないような、ある意味、無責任ともいえる制度になっています。

また、認定こども園制度には、公的な保育所制度をなくそうという考え方も見え隠れします。政府が進める構造改革では、国・自治体の責任で保育を保障する現在の公的保育所制度をやめて、民間企業が自由に活動できるように保育を市場化することを目標にしています。現在はまだこの提案に、公立、私立を問わず保育関係者がこぞって反対しているため、「改革」を実行できずにいます。そこで、まずは保育所よりも公的責任が薄い幼稚園の基準に合わせた認定こども園制度をつくり、実際にやってみたうえで大きな混乱が起きなければ、国の保育制度の基準を保育所から認定こども園へと変えていく口実にできるというわけです。

こうした考え方は「保育にはお金かけなくてもいい」「誰がやっても大差ない」と思っている人たちから出てくるものです。認定こども園の問題も、根っこの部分は公立保育所民営化問題に強くつながっています。どちらも、子どもの育ち、子どもの権利といったことから保育を考えることなく提案・実行されているといえそうです。

（逆井直紀）

Q 7

次世代育成支援地域協議会でどのような議論をすることができますか?

A

次世代育成支援対策推進法(以下、推進法 二〇〇三年成立)によって、すべての自治体に、一〇年間を計画期間とする、次世代育成支援のための行動計画の策定が義務づけられました。各自治体では、地域の子育て支援や、母性や乳幼児の健康の増進、子どもの心身の健やかな成長に資する教育環境の整備、仕事と家庭生活の両立推進などの子育て支援施策に関して、具体的な数値目標を設定した行動計画が策定され、二〇〇五年度からその具体化を図っている真っ最中です(当面、前期五年間の計画が策定され、今後再度後期五年間の計画作成が行われます)。この計画に基づいて、積極的な取り組みをしている自治体もありますが、中には、子育て施策の充実どころか、公立保育園の民営化を強固に推し進めようとしている自治体もあります。こうした事態は、あいまいな形でしか自治体や国の責任を規定していない推進法の限界から生じているといえます。

それでは、推進法はまったく無力かといえば、市民の運動のために活用できる面も多くあります。特に、同法が行動計画の策定・変更にあたって、住民の意見を反映することを要請している点です。住民・利用者の意向を反映させる具体的な方法として、次世代育成支援対策地域協議会（以下、協議会）があります。この協議会を設置することは義務づけられているわけではなく、その委員構成や役割についても決まった形はありません。とはいえ、法の趣旨を踏まえて考えれば、協議会は次世代育成支援にかかわる機関・施設・団体の代表者や個人によって構成され、地域や現場の実態を出し合いながら、行動計画の進行状況の検証や計画の見直しを行って、後期計画の策定に生かすことが課題とされるべきだと考えます。

民営化を強行することがなぜ「次世代育成支援」になるのか、この問題についても協議会の論議の対象にしていくべきでしょう。保育園の保護者を協議会委員に加えたり、協議会で意見陳述をすることを要求してもいいでしょう。もし協議会が設置されていないなら、まずはその設置をはかることです。地域の状況に合わせて推進法を活用し、要求していきましょう。

（逆井直紀）

国庫負担金カット

ほらほら　カットされてるでしょ

困ったときはこうしたら？　ミニアイディア

●会議はどこでやればいいでしょうか

ふだんの保護者会総会とか懇談会などでは園の保育室を貸してくれても、民営化の会合となると、園長にお願いしても「うーん、貸してあげたいんだけど〜」と言われるかも知れませんね。保護者会がなければなおさらかも。でもOKがでたらラッキーというくらいのつもりで、いちおうお願いしてみましょう。役所とはけんかしても保育園とは友好的にすることがたいせつです。

予想どおりダメな場合、地域のコミュニティーセンターなどの会議室は、利用料も安くおすすめです。しかし、この利用料も会議の回数が多くなるとバカにできません。保護者会の予算から支出できないとか、保護者会がない場合などのときは保護者の方々にカンパをお願いしましょう。また使用済みの切手や使わなかった年賀状などで寄付していただく方法もありますよ。

●議員さんへのアポイントは？

これは意外にかんたんです。議員さんのホームページにアクセスするなり、事務所に電話して、困っている内容をお話すればだいたいOKでしょう。保育士さんの組合に紹介をお願いする方法もあります。個人の場合は、自分の住んでいる近くの議員さんがいいでしょう。しかしできれば個人よりも保護者会などの団体で会ってもらうようにしましょう。賛成反対の立場はともかく、会ってもくれない議員は少ないものです。そういう議員は選挙で落としましょう。

●署名を集めるとき誰かに許可が必要なの？

店の前の道路の場合でもひと言断っておきましょう。店の前の道路ならば基本的に公道ですのでダメとはいわないでしょうが、交通の妨げにならないように。駅前は、私の地域では駅に言ったら、通行の妨げにならない範囲で、と黙認でした。

●市の説明会で何を聞けばいいの？

説明会は保護者に理解してもらうために開きます。つまり参加者はわからないことを前提に説明会に集まるのですから、どんなことでもわからないことは聞いてみましょう。市の職員は市民サービスのためにいるのですから税金分はサービスしてもらいましょう。
何回も聞くのは「ちょっと」という場合は、お互いに分担しあってみましょう。

●新聞社に取材してもらうのには?
新聞に取り上げられると大きな効果があります。新聞社全部に電話をかけたり資料を送ったりして取材をしてもらいましょう。民営化に関わるイベントなどを組むと取材されやすいです。

●チラシはどこで印刷するの?
コピーをしていたら印刷代が高くなりますので、公民館などにある学校で使うような印刷機で印刷しましょう。比較的安くできます。

●活動のお金はどうすればいいの?
会費や寄付だけでは足りませんので、バザーやフリマに参加しましょう。その際「民営化対象○○保護者会」の宣伝も忘れずに。

●市長や議員へハガキを出そう
保護者にハガキを渡して、ひと言書いて市長や議員へ送りましょう。

●HPを作れる親を見つけましょう

●署名等に誹謗中傷を受けたら
いつでも自分の意見に従わない人に対して誹謗中傷はあります。部外者からの場合はムキにならず黙殺しましょう。内部の人の場合は、その人とよく話し合うことが大切です。

●活動をするうえでたいせつなことは
一心不乱に取り組むよりも、みんなが気持ちで長続きできるように、おもしろく楽しいイベントを機会あるごとに行いましょう。

これはつかえる！　お役立ちグッズ

①大活躍の横断幕とうさぎちゃん
〈埼玉・吉川市〉

②自宅フェンスが案内板に早変わり
〈埼玉・吉川市〉

③同じく自宅フェンスが署名数報告版
〈埼玉・吉川市〉

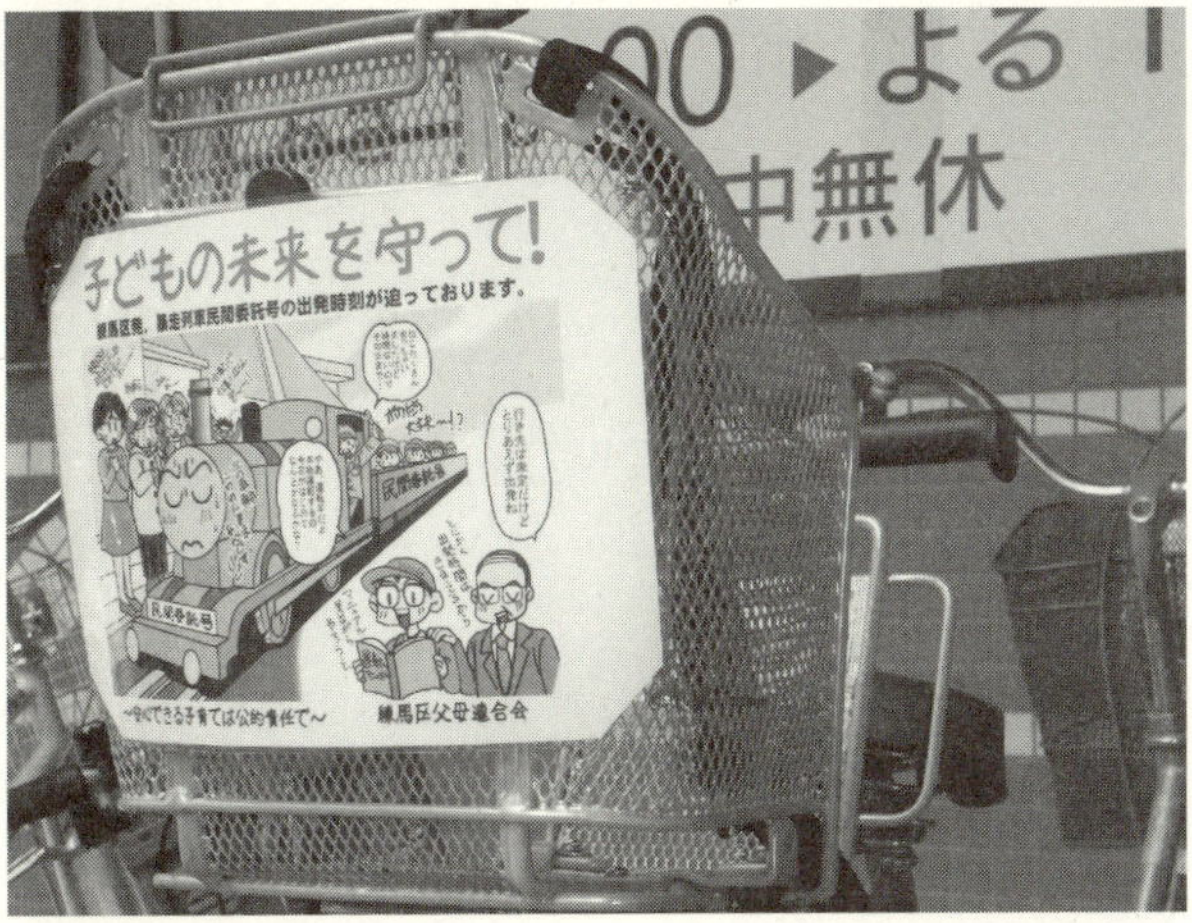

⑤保護者製作の自転車パウチ。スーパーなど、ママたちが集まる場所に自然に移動していく、意外に効率的な宣伝メディア。〈東京・練馬区〉

保育所の民営化を考える会報

子ども達につらい想いをさせないで

こどものつぶやき

私の先生みんないなくなった
弟の先生もいない
先生とこへいったの
新しい先生はすぐおこるけど
何を怒っているのか分からない
ここはわたしの保育所じゃない

民営化された大阪府大東市立上三箇保育所の
子どもたちのつぶやきから
（『ちいさいなかま』四六二号　草土文化）

民営化されるとこうなる・どうなるの？

○一夜にして先生が全て入れ替わります。この文章は、２００３年３月３１日に保育所最後の日を迎えた大阪府大東市立上三箇保育所の子どもたちが、４月になってからつぶやいた言葉を拾い集めたものです。
○吉川市は、引き継ぎ期間が３ヶ月あるから心配ない。私達は不安でなりません。

⑥わかりやすいと評判がよかったチラシ〈埼玉・吉川市〉

④効果抜群！
とにかく目立つのぼり
〈大阪保育センター〉

公立保育園民営化問題
保護者の運動交流ネットワーク
ほうんネット

ほうんネットとは? | 入会するには? | お問い合せ

トップページ | ニュース | 注目の話題 | 資料室 | SNSのご案内

ほうんネット会員SNS
LOGIN
Mail
Pass
次回から自動的にログイン
ログイン

こどもたちにすばらしい未来を。
私たち大人にできることは
ともに考え、ともに学ぶこと。

携帯からもアクセスできます
http://www.houn-net.org/m

公立保育園民営化問題
保護者の運動交流全国集会
～公立保育園民営化問題の個別交流会(相談会)～
IN YOKOHAMA!!
→詳細はこちら!!

ほうんネットからのお知らせ

07/05/01 **ほうんネットホームページ正式オープン!!**
面倒をおかけ致しますが、ブックマークの更新及びリンクの更新をお願い致します。

07/04/22 **ほうんネット会員SNSの準備中です!!**
ほうんネット会員のみなさんが、自由に意見や情報の交換ができるよう、SNSを準備しています。準備が整い次第、会員の皆様にはSNSへのログインのための情報をメールにて送信させて頂きます。

ほうんネットの思い

現在、公立保育園の廃止や民営化、民間委託化が全国で進められています。このような流れに対して、全国で多くの保護者が「子ども達の最善の利益」や「子ども達の権利」を保障しようと立ち上がっています。

しかしながら、こういった保護者の動きは、各自治体や各保育園単位に留まっているのが現状です。

公立保育園の民営化については、様々な考え方があります。「民間が運営するほうがお金もかからず、より良いサービスが受けられるのではないか」「子ども達を保育することは社会の責任だから公的な保育施設を維持すべきだ」「保育園に入りたいのに入れない。保育園をもっと増やすにはコストが安い民間に委ねるしかないのでは？」「公立だからと安心して入った保育園なのに、途中で民営化するのは納得できない」などなど、様々な意見や考え方があります。

このように考え方が違うのは当然です。ほうんネットはこういった考えや意見を互いに尊重しながら、情報交換と相互援助を中心にした保護者のネットワークをつくり、ともに学び、ともに考えることを目的にしています。

この目的の実現に向けて、実際に公立保育園の民営化問題に係わってきた保護者や有識者、保育関係団体が世話人となり、2007年3月4日、ほうんネットを設立しました。

ほうんネット会員募集中!!
ほうんネットでは、会員を募集しています。SNSなどを通じて、全国の保護者や団体と交流しませんか？
詳しくはこちら!!

保育園民営化ニュース全国版＆コ・ラ・ム

なぜ急ぐ!?保育園民営化(05/01)

子どもたちが抱く不安の原因とは?(04/21)

保育士たちの悲鳴!!これでは保育ができない!(04/21)

我が子が通う保育園が民営化の計画園になったら!家庭でできること(04/21)

父母会・保護者会ってなんだろう?(04/21)

民営化の問題点ってなんだろう?(04/21)

民間の保育ってダメなの？(04/21)

注目の話題 ～会員SNSより～

注目の話題について
(2007-05-11)

プライバシーポリシーについて

このホームページへのリンクはフリーです。
自由にリンクを貼っていただいて構いません。
公立保育園民営化問題 保護者の運動交流ネットワーク ほうんネット

ほうんネットでは、
全国の民営化・民間委託の情報を求めています。
実施された、または進行中、もしくはこれから
実施予定などどんな情報でもけっこうですので、
ＨＰよりお寄せください。

Copyright 2006-2007 © Houn net All rights reserved.

ほうんネット編集委員会・執筆者紹介

編集委員

浅井　春夫（立教大学・ほうんネット代表世話人）
猪熊　弘子（ジャーナリスト・ほうんネット代表世話人）
佐藤　正勝（横浜市立保育園民営化訴訟岸根原告団代表・ほうんネット代表世話人）
実方　伸子（全国保育団体連絡会・ほうんネット世話人）
條　　冬樹（船橋市保育問題協議会・ほうんネット事務局）
笠本　丘生（練馬ふぼれん・ほうんネット事務局）
角田　伸次（ほうんネット事務局）
長谷川和寛（ほうんネット事務局）

執筆者（執筆順）

猪熊　弘子	二瓶香代子	佐藤　正勝	仲井さやか
逆井　直紀	原　　純子	角田　伸次	笠本　丘生
長谷川和寛	実方　伸子	大西　泰治	鈴木　京子
條　　冬樹	相馬　　潤	吉田　　仁	伊藤　幸子
中野菜穂子	空井美佐子	堂垣内あづさ	及川　敬子
浅井　春夫	木村　雅英		

ほうんネット（公立保育園民営化問題　保護者の運動交流ネットワーク）
ＨＰ　http://www.houn-net.org/
携帯用ＨＰ　http://www.houn-net.org/m
電子メール　info@houn-net.org

ほっとけない！ 親たちの公立保育園民営化問題Ｑ＆Ａ

2007年7月1日初版発行

編著者　ほうんネット
発行者　名古屋　研一

発行所　㈱ひとなる書房
東京都文京区本郷2－17－13
広和レジデンス１Ｆ
TEL 03（3811）1372
FAX 03（3811）1383
e-mail：hitonaru@alles.or.jp